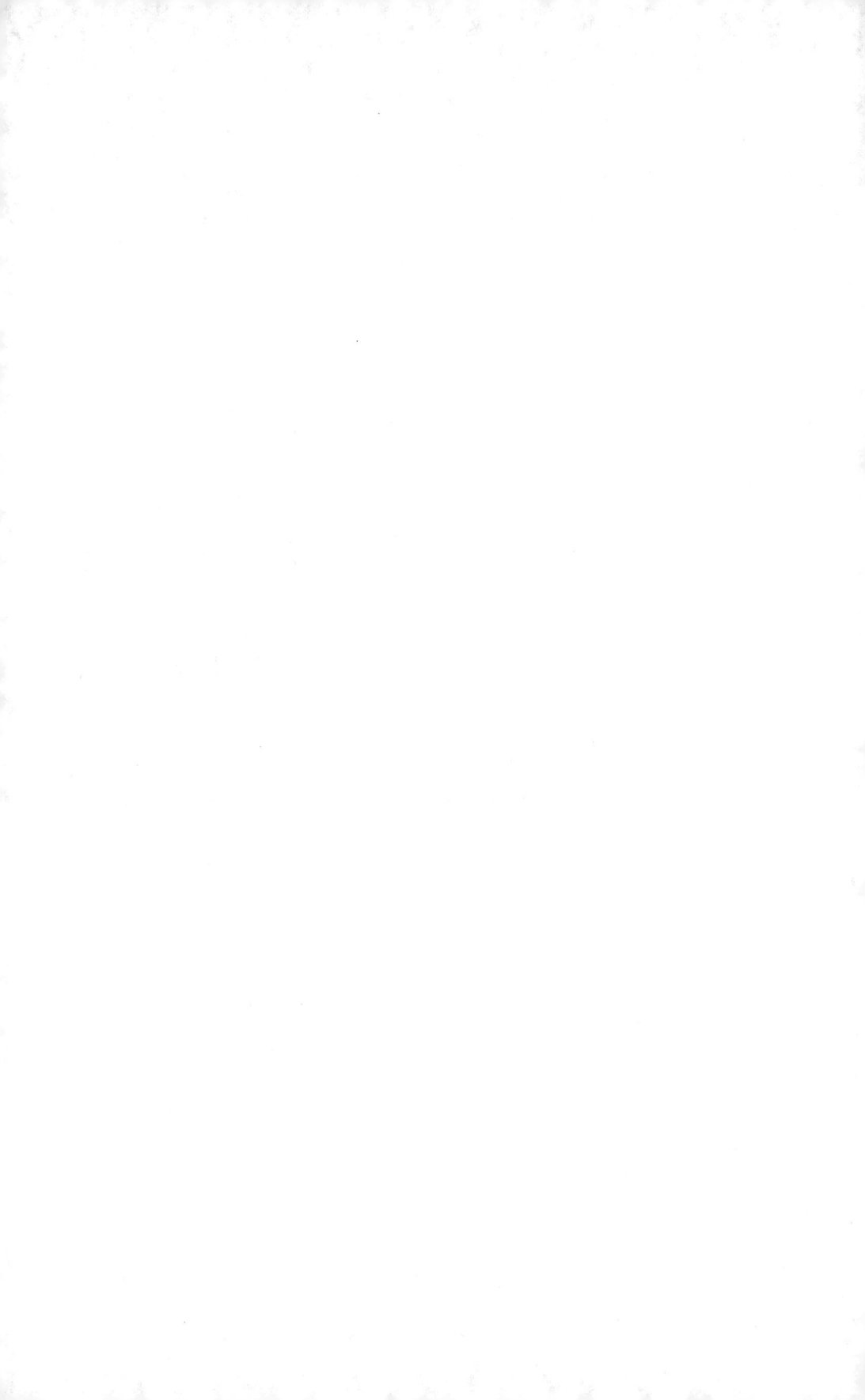

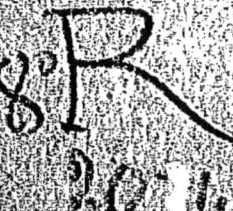

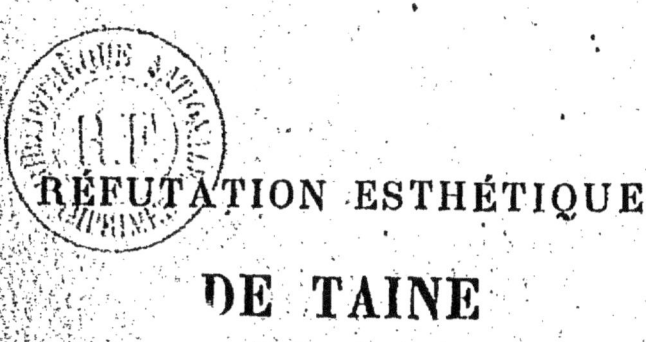

RÉFUTATION ESTHÉTIQUE

DE TAINE

Il a été représenté :

LE FILS DES ÉTOILES, comédie lyrique en 3 actes, le 19 mars 1891, aux soirées de Rose + Croix, et le dimanche et le lundi de Pâques 1893, au Palais du Champ de Mars.

BABYLONE, tragédie en 4 actes, les 11, 12, 15, 17 et 19 mars 1893, au Palais du Champ de Mars ; le 28 mai 1894, au théâtre de l'Ambigu, et le 30 mai au théâtre du Parc, à Bruxelles. Elle a été donnée par Lady Caithness, duchesse de Pomar, en sa *salle des fêtes*, le 5 juillet 1894.

ŒDIPE ET LE SPHINX, tragédie en trois actes, le 1ᵉʳ août 1903, au théâtre antique d'Orange.

SÉMIRAMIS, tragédie en 4 actes, *le 24 juillet,*
à l'amphithéâtre antique de Nîmes

sous les auspice du Syndicat d'initiative des intérêts régionaux du Gard, par les artistes de la Comédie-Française et de l'Odéon ; le 23 juillet 1905, pour l'inauguration du THÉATRE ANTIQUE DE LA NATURE, à Champigny (Darmont, fondateur), sous la présidence de M. le ministre de l'Instruction publique et des Beaux-Arts, par les sociétaires de la Comédie-Françaises ; le 12 août 1905, au TÉATRE DE LA BOURBOULE, sous la présidence de M. le ministre des Colonies, par les sociétaires de la Comédie-Française.

THÉATRE PUBLIÉ

LE PRINCE DE BYZANCE, 1893, *épuisé.*
LE FILS DES ÉTOILES, 1894, *épuisé.*
BABYLONE, 1895, *épuisé.*
LA PROMÉTHÉÏDE, 1896.
ŒDIPE ET LE SPHINX, 1903, *Mercure de France.*
SÉMIRAMIS, 1904, *Mercure de France.*

EN EXPECTATIVE :

Tragédies : ORPHÉE, en cinq actes.
ANDROMÈDE, en trois actes.

Drames : CAGLIOSTRO, en cinq actes.
CÉSAR BORGIA, en cinq actes.
FRANÇOIS D'ASSISE, en cinq actes.

JUSTIFICATION DU TIRAGE :

PÉLADAN

—

Réfutation esthétique

de Taine

PARIS
SOCIÉTÉ DV MERCVRE DE FRANCE
XXVI, RVE DE CONDÉ, XXVI

—

MCMVI

I

Les questions d'art, il y a un demi-siècle, se débattaient entre les professionnels et les amateurs. Aujourd'hui, beaucoup de salons se prolongent en ateliers, et le peuple, qui trouve à deux sous une excellente reproduction de la *Joconde*, va par bandes aux expositions comme aux musées. En outre, les artistes, professionnels ou dilettanti, ont pullulé au point que le prestige de l'art en a souffert.

Superficiels et ignares se considèrent comme électeurs au Saint Empire de la beauté. Une méthode serait utile aux gens du monde comme à ceux du peuple. Quant aux gens du métier, on ne saurait, sans ironie, les convier au contemnement d'eux-mêmes.

Il y a des matières où toute nouveauté est une erreur ; et la métaphysique, qu'elle traite de l'idéal sensible ou conceptible, ne peut innover que dans l'expression.

Nous prenons en pitié les générations qui jugèrent Galilée et le cours du Soleil d'après la Bible, et nous trouvons légitime d'appliquer le critère scientifique aux manifestations esthétiques? On ne différencie pas assez, l'imperfection essentielle de l'Esprit, des fautes individuelles. Dès qu'une civilisation adopte un déterminisme, elle l'applique aveuglément, par instinct autoritaire, par esprit administratif, par besoin d'unification. La Convention fut une autocratie enragée. Les doctrines changent ; l'homme agit de même, au nom du droit divin ou contre ce droit ; et les plus décisifs changements sont ceux des vignettes de la paperasserie et de l'avers des monnaies.

Le rationalisme triomphant devait envahir l'Acropole artistique et y installer la déesse Raison. Sculpture et Peinture ont eu leurs sans-culottides, et ce fut le grand contempteur de la Révolution, Hippolyte Taine, qui légiféra l'anarchie et donna des textes aux réalistes comme Jean-Jacques aux conventionnels, pour substituer à l'ancien régime de la tradition, celui du bon plaisir individualiste.

Nous allons étudier la théorie qui a produit les Manet et les Caillebotte et nous saurons pourquoi le Musée du Luxembourg ressemble à un salon annuel, et un salon annuel à une immense boutique.

Pendant vingt ans, de 1864 à 1870, Taine professa l'esthétique à l'Ecole des Beaux-Arts. Nous possédons ses leçons sous la forme livresque. Personne, en France, n'a occupé si longtemps une semblable chaire. Cet enseignement concomite avec notre décadence ; il a fourni des formules au plus bas des gâte-métiers !

L'immortel historien des *Origines de la France contemporaine* n'a jamais su l'histoire de l'art, même après l'avoir enseignée !

M. Delaborde (*Des opinions de M. Taine sur l'art italien*, 1ᵉʳ janvier 1866) et M. Venturi (*Lettre à Giacomo Barzellotti*, *1900*) relevèrent beaucoup d'erreurs. La plus colossale fut la méconnaissance du *trecento* et *quattrocento* : négation inconcevable de deux siècles, les plus originaux et les plus féconds de la Péninsule. Il importe peu que Taine ait été mauvais connaisseur, prenant un Carrache pour un Corrège. Je ne jugerai que sa pédagogie, et d'après son texte.

Pour établir la nature de l'œuvre d'art, il considère trois points : l'ensemble des œuvres du même artiste, les autres artistes contemporains et la civilisation de l'époque.

« *L'état des mœurs et de l'esprit est le même pour le public et pour les artistes* (1). » Qui a fré-

(1) *Philosophie de l'art* (1865); *Philosophie de l'art en Italie* (1866) ; *De l'idéal dans l'art* (1867) ; *la Philosophie de l'art en Grèce* (1869).

Ces ouvrages ont été réunis en 1880 en deux volumes intitulés *Philosophie de l'art*.

quenté les moindres rapins et les plus petits poètes
n'ignore pas qu'il existe un état spécial de l'individu
qui cherche à créer ; cet état, fait d'enthousiasme
et d'orgueil, isole, plus qu'aucun autre, de l'am-
biance. L'homme qui voit dans la femme un modèle et dans l'amour une excitation à écrire, qui
préfère un certain rêve à la réalité et contemple la
vie pour l'exprimer au lieu de la vivre, dont la jouis-
sance majeure consiste à trouver des lignes et des
tons, celui-là, l'artiste, n'a pas le même esprit que
le public.

Taine pose cette règle : « *Pour comprendre une
œuvre d'art, un artiste, un groupe d'artistes, il
faut se représenter, avec exactitude, l'état général
de l'esprit et des mœurs du temps auquel ils
appartiennent.* » Autant dire que l'historien sera
le seul esthéticien.

La forme, langue universelle et vraiment perpétuelle, s'entend en dehors de toute érudition. Isdu-
bar étouffant un lionceau, Héraclès en ses travaux,
saint Christophe portant Jésus, manifestent, par
leur gigantisme, un idéal de force. L'Isis de Thèbes,
la saltante d'Ankor, la danseuse pompéïenne,
expriment la grâce féminine. Des Vénus de Titien,
à la Tribune de Florence, à la *Maja* de Goya, à la
Récamier de Gérard, à la *Femme au perroquet*
de Courbet, il n'y a que des différences de vision,

sur un objet, le corps de la femme. A Venise, à
Madrid, à Paris, au xvie comme au xixe siècle,
l'artiste a aimé et œuvré, dans un état d'âme
identique, et s'est proposé un but semblable dans
la représentation de la femme nue. Aucune révolution, aucune catastrophe historique ne modifie l'état
de concupiscence, ni sa transposition picturale.

Taine ne trouve que deux préceptes à donner :
« *Naître avec du génie, c'est l'affaire de vos
parents ; et travailler beaucoup, c'est votre affaire.* »
L'École de la rue Bonaparte, non plus qu'aucune
autre, n'a été fondée pour le génie. Ou ce mot à un
sens que j'ignore, ou bien il s'en sert étourdiment ?
Léonard a du génie, évidemment.

Luini, Beltraffio, Lorenzo di Credi et ceux de la
Lombardie en ont-ils ?

Si les musées et même le Louvre se bornaient à
l'exposition des génies, que d'espace vide ! Qui fut
un peintre de génie au xixe siècle ? Delacroix ! Et
puis ? on ne s'entendrait pas sur les autres. Parler
du génie à des élèves équivaut à évoquer la tiare
devant des séminaristes. « Travailler beaucoup. »
Hélas ! le travail, même *improbe*, n'aboutit pas
sans méthode. Et qu'est-ce qu'un enseignement qui
ne donne point de méthode ?

La science « *est une botanique appliquée aux
œuvres humaines* ».

On va voir ce que « *les principes, les précautions, les fonctions des sciences naturelles communiquent de solidité aux sciences morales* ». Et aussitôt surgit une classification déraisonnable : « *Parmi les grands arts, qui sont la poésie, la sculpture, la peinture, l'architecture et la musique, ne considérons d'abord que les trois premiers.* »

La poésie n'est pas un art, sinon par la calligraphie ou le dessin des caractères d'imprimerie et la disposition typographique? Le propre de l'art est de tomber sous les sens, et la poésie n'y tombe pas. Optiquement, la traduction en vers de l'*Imitation* et la *Pucelle* de Voltaire, une colonne du *Bulletins des lois* et une page de Balzac sont semblables. On lit la poésie, on *voit* l'œuvre d'art.

Tout homme voit; mais chacun ne lit que certaines langues dont il sait l'alphabet et les mots. Il n'est pas vrai, en outre, que la poésie soit un art d'imitation, si ce n'est dans les onomatopées, et le « bréké kékex koax » d'Aristophane tient vraiment peu de place en littérature. La pensée de Pascal, la période de Bossuet n'imitent rien, non plus que la parole dont elles sont les formes durables.

« *Il est bien clair qu'une statue a pour objet d'imiter de tout près un homme vraiment vivant... Il n'est pas moins clair qu'un drame, un roman, essaye de représenter des caractères, des actions.* »

L'art n'a qu'un instant pour son expression, il faut donc que cet instant soit significatif au plus haut point : tandis que la littérature prend, s'il lui plaît, son personnage au berceau, et, par une succession de scènes, ne le quitte qu'à la tombe, ou même ne le quitte point, et raconte des épilogues. Homère trouve Ulysse auprès de Calypso et le ramène à Ithaque : il aurait pu commencer, par l'histoire de Laërte et d'Antiglée, et intercaler le voyage de Télémaque à Pylos et à Sparte. Le statuaire ne dispose que d'un geste pour incarner l'astucieux aventurier. Prenez le père Goriot à la table de la pension Vauquer, rien ne le caractérise ; au moment où il tord son vermeil, il s'élève au point pathétique.

Il est bien clair qu'un art qui ne dispose que d'un instant dans la durée, que d'un aspect unique parmi les aspects possibles, obéit à d'autres règles que la littérature, que ne borne aucune condition de temps et qui dispose de la succession des mouvements.

Taine prétend que la carrière d'un artiste commence par une période de sentiment vrai et finit par la manière. Il cite à l'appui le *Jugement dernier* de Michel-Ange. Cela m'impressionnerait, sans cette phrase : « *On peut faire la même remarque sur une autre vie, celle de notre Michel-Ange fran-*

2

çais. » Corneille est fort grand, mais sans analogie avec Buonarotti. L'infériorité des dernières pièces de Corneille vient de l'exécution, non du plan ; elles ne sont plus de son style, tandis que le dernier croquis du maître de la Sixtine est si léonin que nul ne se trompera sur l'attribution. A soixante ans, Fra Angelico progressait encore !

« *Il faut imiter les rapports et les dépendances mutuelles des parties,* » dit notre professeur. Il aurait pu dire plus simplement, les proportions : mais l'erreur fût devenue manifeste. Ces rapports sont précisément ce que le modèle donne très rarement. « La logique du corps », bonne expression désigne le travail synthétique de l'artiste qui, en face d'une belle partie, corrige les défectueuses.

Qui oserait, sans hésitation, écrire que Michel-Ange est le plus grand artiste italien et le tombeau des Médicis son chef-d'œuvre ? Cette assurance surprend d'autant plus que Taine a mal vu, il appelle l'*Aurore* et la *Nuit*, des *vierges* colossales et désespérées ? Les seins de la nuit ont allaité, et son ventre a enfanté !

Dans la kermesse (qu'iront voir les gens de la noce dans l'*Assommoir*) le professeur découvre un chœur de flamands ivres de paix et de sécurité, après les guerres de religion !

Lorsqu'il définit le caractère essentiel, il trouve

que celui du lion est d'être un grand carnassier. Et le tigre? Le lion est un idéogramme de force, de courage et à la fois de magnanimité. Plastiquement, le lion, tout en tête et crinière, correspond à l'idée de majesté; les animaux le reconnaissent comme roi. Au lieu de ces considérations, il donne une phrase de muséum : « Le lion est une mâchoire montée sur quatre pattes.

« L'architecte ayant conçu l'étrangeté, la variété, l'infinité, la fantaisie comme au temps gothique. » Ces mots, de valeurs si différentes, s'annulent les uns par les autres. Il est si simple de dire que la verticale étant la ligne ascendante et spiritualiste par excellence, l'architecte gothique devait l'adopter et l'exagérer. Taine croit à l'amour chevaleresque, il cite André le chapelain, sans se demander à quelle chapelle il appartient d'enseigner « que l'amour ne peut exister entre époux » ; ce qui doit s'entendre de l'orthodoxie romaine en opposition avec la religion d'amour des Albigeois. « *On fit de la femme une divinité,* » dit-il, comme si la Dame des Néo-Platoniciens n'était pas la Sophia ou la Gnose !

L'art reflétant les mœurs, l'historien ne manque point de chercher la cour de Louis XIV dans la tragédie classique.

Achille lui paraît un jeune officier aux gardes !

Nous avons vu la brutalité de Siegfried qui serait insupportable dans un drame sans musique. Les bienséances du xviiᵉ siècle sont une des manifestations de l'humanisme.

Si Taine avait étudié le théâtre comme auteur, au lieu de le juger par la mauvaise façon dont on le joue, il se serait aperçu qu'Oreste n'est pas si loin de l'*Orestie* d'Eschyle, et qu'on pourrait l'interpréter helléniquement. Lui aussi, faute d'intimité avec cet art spécial, se laisse tromper par les mots, là où l'intonation est tout.

Gluck soulève le même problème; chanté à la note et sans flamme, il devient un musicien d'ariette avec ritournelle. Appeler le théâtre de Racine la peinture exquise du grand monde, c'est regarder aux perruques et non aux visages, aux modes et non aux passions. D'où vient que Michel-Ange n'est jamais plus colossal que dans les encognures de son plafond? Ses figures géantes grandissent par le peu d'espace où il les contient. De même, les bienséances de Racine augmentent l'intensité pathétique, et rendent significatifs des mots qui seraient nuls dans Shakespeare.

« *L'œuvre d'art est déterminée par l'état général de l'esprit et des mœurs environnantes.* » Cette loi deviendra plus tard une formule scolaire, et on dira : « L'état général doit déterminer l'art. »

Comment caractériser une civilisation? Il faudrait convenir de certains points qui fussent des bases, et bien décrire le personnage régnant. *« En Grèce, le jeune homme nu et de belle race ; au moyen-âge, le moine extatique et le chevalier amoureux; au* xvie*, le parfait homme de cour, de nos jours, Faust ou Werther. »* Il se trouve que les principaux chefs-d'œuvre grecs sont féminins : Victoire de Samothrace, Victoire rattachant sa sandale, Parques; que le canon de Polyclète est androgyne, et surtout que la statuaire hellénique est idéogrammatique. Les mouvements y expriment des idées.

Le chevalier amoureux cache un mystique religieux, un ardent hérétique. Quant au type de la Renaissance, c'est l'humaniste et non le courtisan. *Faust* figure l'alchimiste; il est aussi peu représentatif de nos jours que l'*Iphigénie* du même auteur.

« Un personnage régnant, ses dominantes, ses formes expressives et acceptées comme telles, voilà la formule qui ne laisse rien hors de ses prises. » Celui qui désignera le personnage régnant de notre époque sera singulièrement perspicace, à moins qu'il ne se contente de l'arriviste ou du jouisseur, qui sont de toutes les époques.

« La plus belle période de l'invention italienne

comprend le dernier quart du xvᵉ siècle et les trente
ou quarante premières années du xvi₀. » Oh! oh!
ceci mérite qu'on s'arrête! A première vue et étant
donnée l'autorité de l'écrivain, on ne se rend pas
compte de l'énormité de cette phrase.

Le dôme de Pise a été commencé en 1063; le
Baptistère par Diotisalvi, 1135, la Tour penchée,
par Bonanno, 1174.

Arnolfo di Cambio, Giovanni Pisano, les architectes d'Orvieto, et ceux du Palais ducal à Venise
sont biffés d'un trait. Brunelleschi, mort en 1446,
ne compte pas, Alberti, mort en 1472, non plus.

L'architecture italienne commence, aux yeux de
Taine, avec le Palais Strozzi. Pour la sculpture, les
Pisans disparaissent, Donatello est mort à 80 ans,
en 1466, et Luca della Robbia en 1482.

En peinture, Giotto et son école, Orcagna, disparaissent avec Fra Angelico et Masolino et Masaccio et Lippi.

Car enfin, le dernier quart du xvᵉ, c'est l'an
1475.

Pour Taine, les artistes accomplis sont Léonard,
Raphaël, Michel-Ange, Andrea del Sarte, Fra Bartolomeo, Giorgione, Titien, Sébastien del Piombo,
le Corrège. Il serait long de discuter cette succession. « *En deça* », dit-il, *des chercheurs encore
frustes, secs et raides, Pollajuolo, Lippi, Ghirlan-*

dajo, Verrochio, Mantegna, Carpaccio, Jean Bellin ! » Il suffit d'aller voir au Louvre, la Madone de la Victoire, le Parnasse, la Crucifixion, pour estimer ce qui est fruste, sec et raide !

« *Au delà, des disciples exagérés !* » Il n'a souci ni des condisciples, ni des élèves de Léonard, ni du délicieux Sodoma, ni de Tintoret, ni de Véronèse. « *La floraison dure cinquante ans !* » Quant à Massacio, « *c'est un inventeur isolé* ». Il ignore Masolino, mort en 1440, et ses fresques de 1428 à Castiglione d'Olona.

Le professeur ne sait pas, et il ne voit pas. Il ne voit pas le paysage chez Léonard, chez Titien, et auparavant chez Gozzoli, Orcagna et Lorenzetti. « *La peinture italienne dédaigne ou néglige le paysage ; les arbres, la campagne, les fabriques, ne sont pour elle que des accessoires !* » Ils n'ont jamais été autre chose jusqu'à nos tristes jours.

« *La peinture classique n'est ni mystique, ni dramatique, ni spiritualiste.* » Et « la Dispute » et « l'Incendie du Bourg » et la triple scène de la prison de Saint-Pierre, pour se borner à Raphaël ? Cet esthète, qui nous cite le *Larmoyeur* de Scheffer, se plaît aux plus bizarres mélanges. « On trouvera chez Beato Agelico, Durer, Rembrandt, Metzu, Potter, Hogarth, plus de psychologie, de rêves intenses,.. » Metzu, Potter et Hogarth, un intimiste, un animalier et un caricaturiste mêlés aux maîtres, pourquoi pas Delacroix... et Troyon!

« *Pour que l'homme puisse goûter et produire la grande peinture, il faut qu'il soit cultivé.* » Nullement, il suffit qu'il soit croyant et que la peinture lui représente un thème de sa croyance; une Bretonne qui ne sait pas lire, mais qui dit son chapelet avec ferveur, goûtera la chapelle des Espagnols et la Madonna dell Arena.

Qui examine les lunettes et les voûtes des appartements Borgia au Vatican ne découvre rien dans ces légendes et ces allégories qui ait le moindre rapport avec les chroniques de cette terrible famille.

Si Pinturrichio a peint pour Alexandre VI, sans aucun reflet du temps, où cherchera-t-on l'écho des vociférations de Savonarole? Les nudités sont très rares dans la peinture italienne, les obscénités introuvables? Une lunette au Palais du T. !

Cellini, le plus grand hâbleur de son temps, devient pour Taine le type de l'artiste. Il croit tout du ciseleur, même sa prétention d'avoir tué le connétable de Bourbon. Cependant ce ciseleur si rageur fut très sage pendant son séjour en France.

A lire la vie des artistes italiens, on s'aperçoit qu'il n'y eut qu'un Cellini. Le coup de poing de Torrigiani qui cassa le nez de Michel-Ange est

célèbre : il s'explique par le caractère de Buonarotti qui, rencontrant Léonard lui-même, se mani
feste, désobligeant et agressif.

L'histoire des petites républiques forme un en-
chevêtrement de drames sinistres pleins de féro-
cité : le crime s'étale partout et on le juge comme
une œuvre d'art ; on décide s'il est bien ou mal
réussi. Le sens moral manque en Italie comme l'eau
manque en Arabie, totalement. On viole, on em-
poisonne, on assassine, à plaisir.

En accumulant les anecdotes on ferait un tableau
d'enfer : voilà la vie ! Regardez l'art de Giotto à
Gozzoli, de Sienne à Pérouse, il est doux, il est
pur, il est mystique; il ne reflète rien des mœurs.

Léon X fait représenter devant lui *la Calandre*;
il a pour bouffon un moine goinfre qui avale un
pigeon d'une bouchée; il chasse, il fait berner un
capucin dont la comédie est mauvaise, de façon
à ce qu'il reçoive un grand coup de ventre sur le
plancher de la scène. Parcourez les chambres :
voici *Saint Léon arrêtant Attila*, *Léon IV étei-
gnant l'incendie du bourg* avec un signe de croix.
Les personnages sont aussi beaux, aussi nobles
qu'il convient. L'art italien ne représente jamais
que l'idéalité des sujets, et chacune de ses œuvres
donne un démenti aux chroniques.

« *Il reste à savoir pourquoi ce grand talent*

pittoresque a pris pour principal sujet le corps
humain. » L'Ecole d'Athènes et de la Cène de
Milan sont drapées: Michel-Ange seul affectionne
le nu. Il faudrait dire que ce grand talent a pris
pour sujet la personnalité humaine.

« Il se passait à peine un jour que quelqu'un
ne fût tué à Rome. » Il en est de même aujour-
d'hui. Mais on chercherait vainement dans la pina-
cothèque romaine un seul tableau reflétant les faits
divers.

Ni Vasari, ni Salviati au Palais-Vieux, ni les
Zuccari dans l'histoire domestique des Farnèse au
château Caprarola, n'expriment l'époque historique. Ces décadents correspondraient à une période
troublée, tandis que, aux pires moments, l'artiste
semble œuvrer loin du bruit des armées et dans
l'ignorance totale de ce qui se passe sur la grande
place.

En vain vous chercherez à illustrer le Journal de
Burkhardt et Machiavel. La fresque et le tableau, de
Cimabué à Raphaël, restent étrangers aux révolu-
tions et aux attentats féodaux, comme si l'art italien
avait œuvré dans un moutier. A un moment, la
mythologie se mêle au mysticisme, mais pour pré-
senter des images pacifiques et voluptueuses. La
Sixtine, monument de colère, exhale une humeur de
Titan; mais l'individualisme ici s'enveloppe de sym-

boles religieux et le spectateur attribue au chrétien les accents indignés du citoyen.

Comment un chartier, un archiviste a-t-il négligé la chronologie des œuvres au point de se tromper sur des siècles; comment l'observateur de *Thomas Graindorge* ne saisit-il pas les caractéristiques de l'œuvre d'art ? Cette négligence d'une part et cet aveuglement de l'autre viennent peut-être d'une fanatique volonté de positiviste et servent d'hommages à Auguste Comte.

Quelle que soit la valeur de la signature, elle ne sauve pas une proposition comme celle-ci : « *L'imagination de l'Italie classique est analogue à celle des anciens Grecs et des anciens Romains.* » On l'excuserait au xviie siècle chez Fénelon ; de nos jours, elle scandalise.

Le quattrocento est le grand siècle italien et Taine ne l'a pas su, lui qui a pris une copie d'après Sasso Ferrato pour un Titien et qui parle d'une Lucrèce Borgia par Véronèse.

« *Si le grand art et son milieu sont contemporains, ce n'est pas qu'un hasard les assemble, c'est que le second ébauche, développe, mûrit, guide et dissout avec soi le premier, à travers les accidents du grand pêle-mêle humain et les jets imprévus de l'originalité personnelle. Le milieu apporte ou emporte l'art à sa suite.* » Voyons : Fra Angelico est

mort en 1455, année où il achevait la chapelle de
Nicolas V, au Vatican : Masaccio peignait l'Ève du
péché originel, la première nudité féminine, vers
1420, et mourut en 1428. Signorelli, le précurseur
de Michel-Ange, termina la voûte d'Orviéto com-
mencée par Fra Giovanni, en 1499, l'année ou Léonard quittait Milan.

Prenons l'année 1455. Masaccio est mort depuis
un quart de siècle, Léonard a trois ans et Signorelli quatorze. Le mysticisme du dominicain survit
au naturalisme et touche au nouveau mysticisme
de Léonard. L'un résume le moyen-âge et l'autre
contient la synthèse du moderne et son caractère
de complexité inexprimable. Le plus ingénu et le
plus conscient, le pur fol et le Faust de l'art se succèdent si exactement que de la chapelle de Nicolas V à l'ange du *Baptême* par Verrochio, il y a
seulement quinze années !

Cherchez, entre ces deux dates, ce *milieu panto-
crate* qui apporte ou emporte l'art, comme un génie
fantastique, vous ne le trouverez pas.

« La philosophie de l'art en Italie » ne traite ni
de l'architecture ni de la sculpture, si ce n'est en
passant et dans la mesure où un lettré connaît quelques noms, comme Donatello ou Bernin. Quant « *à
la longue lutte de l'esprit chrétien et de l'esprit
païen* », cela réédite l'opinion de sacristie qui

appelle païen tout ce qui n'est pas chrétien, comme
M. Jourdain dit prose ce qui n'est pas vers.

Considérons « la Sainte-Anne » de Léonard : le
mystère remplit ce cadre qui ne contredit pas à un
retable ; l'expression revêt un caractère esotéri-
que ; la foi a pris des traits plus catholiques, c'est-
à-dire universels.

L'humanisme est ce mode de pensée, indépendant du lieu, du temps et de la race, qui cherche
aussi vivement à percer l'horizon qu'à fouiller la
crypte du passé et qui découvre les identités et les
radicaux sous la diversité des images et des termi-
naisons. L'humanisme fait sa prière en face d'un
beau corps et honore le Créateur pour la clarté du
soleil ; l'humanisme, c'est le cœur de saint François devenu le cerveau de Léonard, percevant, au
lieu des rapports d'attraction, les relations d'harmonie.

Rapprochez le *Bacchus* et le *Saint-Jean*, ou de-
mandez à Eleusis la vraie physionomie de Dionysos.
Vous verrez que les catégories correspondent à
des tempéraments de peuple et d'époque et non à
la vérité. L'humanisme affranchit l'idéal non du
dogme, mais de la discipline. Saint François n'étant
pas même diacre reçut la profession de celle qui fut
sainte Claire. Ainsi l'humanisme s'affranchit de la
formule ecclésiastique.

L'Eglise accroupie sur le trésor de vérité répond à l'interrogation : « Je possède et je dors. » Elle ne ment point, elle est la vérité immobile ; mais la vague de vie, obéissant à sa propre loi, découvre aussi des trésors. A la Renaissance, l'artiste, plus mystique en son art que le prêtre en son ministère et le lettré avide de connaissances dépassèrent la culture des égregores ; et l'hégémonie sacerdotale s'éteignit.

Lorsque Sigismond Malatesta rapporte de Morée les cendres de Gémiste Pléthon, le révélateur de Platon, lorsqu'il prépare des tombeaux magnifiques à ses pensionnaires et honore la culture comme d'autres la sainteté, lorsqu'il élève le *Tempio Malatesta*, il ne fait pas œuvre païenne. L'homme qui met dans son blason l'éléphant et la rose n'est ni épicurien ni positiviste : il appartient à un mysticisme spécial. Pour lui existent des choses et des hommes sacrés, mais ces choses et ces hommes sont autres que ceux de la vénération générale. Cet excommunié, que la bulle de 1461 appelle « prince des traîtres, ennemi des Dieux et des hommes », pratique une religion ardente : l'humanisme. Elle ne le gêne point pour assassiner sa femme, violer la dame qu'il rencontre et la tuer même si elle résiste, Sigismond est un criminel, mais il croit à Platon, non aux dieux d'Athènes qui ne lui représentent que des formes propres à exprimer son rêve de beauté.

« *Des mœurs analogues (à celles de la Renaissance) avaient produit un art analogue dans les nobles gymnases de l'ancienne Grèce. Des mœurs analogues, mais dans leur genre un peu moins perfides, vont produire en Espagne, en Flandre et même en France, un art analogue.* »

L'analogie des mœurs florentines avec les athéniennes, les espagnoles, les flamandes et les françaises est une assertion qui compte sur la paresse intellectuelle du lecteur et son manque de coup d'œil panoramique.

Une phrase affirme et une dissertation seule pourrait répondre. Sans faire le tableau d'Athènes, de Florence, de Madrid, de Bruges et de Paris, quelles sont les analogies entre les *Métopes*, la *Sixtine*, la *Reddition de Breda*, la *Descente de Croix* d'Anvers et Poussin ?

Pendant trois ans, Taine exposa l'histoire de l'art en Italie, sans la savoir chronologiquement, sans la comprendre esthétiquement. Puis il passa aux Pays-Bas, continuant à étudier la *plante humaine* (sic).

Ouvrons l'*Idéal dans l'art.* Aussi bien, nous sommes en quête de théories et de définitions.

« Idéal qui est conforme à l'idée, qui est elle-même une représentation d'un objet dans l'esprit. »

Il serait mieux de dire :

L'Idéal est la qualification suprême d'un objet dans l'esprit : esthétiquement, l'idéal est le point le plus synthétique d'une forme.

Il n'est pas vrai que l'œuvre d'art ait pour but de manifester quelques caractères essentiels ou saillants plus complètement et plus clairement que ne le font les objets réels. Cette définition ne convient qu'à la caricature. Le but de l'art est d'agir sur la sensibilité et de l'ébranler dans un sens de noblesse, de réaliser spirituellement le désir de la perfection par une image ; la recherche du caractère ne vient que comme méthode.

L'idéal ne fait pas un concours de synthèse et de clarté avec le réel : il emploie les formes vivantes pour l'expression de l'âme ou de l'esprit. Il n'y a qu'un caractère pour l'artiste, la perfection.

Notre esthète rapproche le *Repas d'Emmaüs* du *Festin* de Véronèse, d'après le titre : Véronèse a peint un banquet vénitien, le Christ n'y est que pour prétexte.

Le titre d'un tableau ne signifie rien : son caractère seul le nomme. Celui qui étiquettera la *Joconde* « portrait d'une dame florentine » classera ce chef-d'œuvre à côté des femmes de Rembrandt et de Rubens qui ne sont que femmes.

Taine a deux manies : la démonstration de muséum et l'analogie littéraire. Il a rêvé d'un herbier de l'art, d'une classification scientifique, et sa critique ne se dégage jamais de la littérature, ni sa littérature de ses catégories d'historien. Racine est sa victime sempiternelle, il ne se lasse pas de chercher Versailles dans *Iphigénie*, dans *Phèdre*, dans *Andromaque*. La perruque de Louis XIV projette une ombre sur son papier. Sans cesse la chose lue s'interpose entre lui [et la chose vue. En face d'une statue il songe à un texte, et devant un tableau à la chronique du temps ; en un mot il considère les maîtres comme de simples illustrateurs de l'histoire. On n'est pas plus de son métier.

M. Marcel Raymond en 1883 a écrit sur l'esthétique de Taine, il a montré la faiblesse de ce procédé qui décrit le paysage, la façon de manger de l'habitant pour caractériser ensuite l'œuvre d'art. On trouvera dans ce bon travail un choix de contradictions tellement étranges que le professeur de l'école des Beaux-Arts y apparaît un véritable étourdi.

« *Le classique ne sait pas voir : il s'occupe de proportionner et d'ordonner. Il a ses règles en poche et les sort à tout propos, il ne remonte pas à la source du beau, du premier coup, comme les vrais artistes.* » Ceci est indigne d'un métaphysicien. Voir, c'est proportionner et ordonner, et

3.

quant à la source du beau, il faudrait la situer? En
tout cas on n'y remonte qu'en proportionnant et
ordonnant.

« *Par delà la nature ordinaire, Rubens avait
la clef d'une nature cent mille fois plus riche.* »

La richesse de la nature, c'est ici la qualité de la
viande rouge, lourde, abondante. Le peintre d'Anvers est le peintre du style jésuite en pâte grasse,
qui arriva à Rome au moment de la lutte entre l'é-
cole de Caravage et celle des Carrache. Il prend à
la première le parti pris dramatique et à la seconde
l'ordonnance traditionnelle. Artiste d'imitation et
peintre de tempérament, il a laissé treize cents tableaux et, comme disent les Belges, « vigoureux
comme Michel-Ange, il l'éclipsa par sa verve...! ».
Mais il n'y a que les Belges pour le dire.

La race n'empêche pas les primitifs de se ressembler, comme aussi les maîtres et les décadents.

Rapprochez Sienne et Cologne; voyez si les
quatre tempéraments d'Albert Dürer ne s'appa-
rent pas aux figures de Fra Bartolomeo et si
la *Résurrection de Lazare* ne fait pas penser à
une esquisse de Tintoret; comparez d'autre part
Diétrich, Van der Verff et Sasso Ferrato. Le sol
n'est pas davantage un générateur d'art. Une pro-
menade sur le grand Canal nous fait voir depuis
le cintre roman jusqu'à l'architrave palladienne,

comme Paris nous montre, non loin de Notre-Dame et de la Sainte-Chapelle, le Panthéon et le Val-de-Grâce. De tous les arts cependant l'architecture seule subit l'influence du milieu matériel tant pour le choix des formes que pour l'emploi des matériaux.

L'heure historique ne concorde jamais avec l'heure esthétique. Seul à son époque, Rembrandt peignait des tableaux bibliques en Hollande.

Race, sol, moment, se fondent en un quatrième facteur, le milieu.

« *De Barnevelt aux Vitt, du Taciturne à Guillaume III une suite d'hommes supérieurs conduisent les affaires et la guerre* » et l'art peint des ivrognes, des servantes, des bourgeoises ou même des dessertes et des natures mortes. Puget, Poussin Claude, Philippe de Champagne, Lebrun, Lesueur, sont contemporains, concitoyens !

Le même milieu n'a-t-il pas vu simultanément Ingres, Delacroix, Millet, Marilhat, Corot, Pradier et Carpeaux, Gavarni, Daumier ?

L'esthétique de Taine est tellement fausse que l'homme qui en a le plus profité, Emile Zola, la répudie à moitié. « La théorie est trop simple, les interprétations sont trop diverses ; cet artiste a obéi aux idées de son temps ; cet autre a réagi ; cet autre représente le passé qui s'en va ; cet autre annonce l'avenir qui vient. »

En commençant ces considérations, j'évoquais le temps où l'intransigence théocratique entrait dans le laboratoire du savant et opposait à des expériences des versets bibliques mal traduits et les promulguait avec l'aide du bras séculier.

Aujourd'hui, l'Université ne dispose pas de ce bras, seule différence après tant d'années révolues. Hippolyte Taine, grand inquisiteur du positivisme, est entré dans l'atelier et a opposé au témoignage des chefs-d'œuvre le déterminisme scientifique. Par une bizarre vengeance d'Apollon, cet historien a subitement ignoré l'histoire, dès l'instant où il a voulu en tirer des arguments contre la spiritualité de l'art. Sa mésaventure, punition du sectarisme, a causé de grands dommages à l'école française et il faudra un demi-siècle avant que les erreurs de Taine cessent d'égarer les jeunes artistes. Il fut, sans le voir, le naufrageur de l'art latin, il alluma une lueur sur des abîmes où deux générations se sont perdues, efforts et œuvres. Eloignons-nous de ces feux trompeurs et mettons le cap sur un havre qui soit vraiment de grâce.

II

Une réfutation n'est complète que si on formule une autre doctrine : il ne suffit pas de signaler les erreurs d'autrui, il faut trouver la vérité qu'il n'a pas connue et l'énoncer de façon à remplacer complètement le système ruiné.

Je laisse aux esprits d'envergure démesurée la prétention d'imposer un même déterminisme à la *Neuvième Symphonie*, aux romans de Balzac, aux métopes du Parthénon, aux dessins de Léonard et aux cathédrales. Je m'occupe ici de ce qui se voit, exactement des arts de l'œil, et encore demanderai-je à ne pas traiter de l'architecture comme trop sublime et désormais impossible à ressusciter. Aussi bien, il n'y a plus d'architectes : le peintre et le sculpteur seuls seront en jeu; je ne traiterai donc que des formes et de la langue qui leur est propre, le dessin et la couleur.

Le dessin fut la première écriture; avant le hiéroglyphe conventionnel et algébrique, on dessina l'objet. Ici comme en toute activité humaine la nécessité apparaît, c'est la première muse et l'œuvre initiale s'inspira du besoin.

L'homme primitif, au retour d'une chasse où il avait rencontré un animal inconnu, en traça la silhouette sur le roc avec un éclat de pierre, pour l'étonnement de son foyer. Ce fut le premier croquis. Le jour où il préféra un pot à un autre, sans regarder à sa commodité, pour la satisfaction des yeux, la sensation esthétique commença. Peut-être l'avait-il déjà trouvée, mais confuse et mêlée, dans la grâce féminine, lorsque, l'instinct satisfait, il avait regardé le sein ou la hanche de sa compagne. A mesure qu'il évolua, il devint de plus en plus sensible à ce caractère mystérieux et d'apparence insaisissable qui lui donnait du plaisir. Il rechercha ce plaisir. Si la première notion de beauté lui vint de la comparaison et du choix entre deux femmes, il apprit bientôt à comparer aussi les autres hommes et à se comparer à eux. Ses épouses du reste, pour se faire bien venir, avaient naturellement découvert les éléments décoratifs : le collier de pierres brillantes, le chapeau de fleurs, la plume dans les cheveux. Son plaisir sexuel s'en augmenta. Ces inventions de la coquetterie flattaient son désir et le réveillaient par des effets de variété. Les parfums entrèrent dans la case; et, avec eux, la rêverie où le regard interroge les objets et les considère inutilement, pour les considérer.

Maintenant, les traditions vont nous dire que la fille du potier Dibutade, en disant adieu à son amant, aperçut l'ombre portée sur le mur et en traça le contour. Dans ce profil, Dibutade modela un relief.

Si nous rassemblons ces circonstances qui n'ont aucune rigueur et sont simplement évocatives, nous les résumerons ainsi : *L'homme possède la faculté de sentir par la contemplation les qualités immatérielles des objets.*

J'en demande pardon à l'Université actuelle, la qualité qui fait un chef-d'œuvre d'un pot, matériellement semblable à un autre, cette inflexion de ligne, cette ineffable modulation de galbe que nulle règle n'exprime et qui n'existe en somme que par le divin hasard de l'inspiration, est immatérielle comme l'âme qui la perçoit.

La contemplation des qualités immatérielles produit un plaisir singulier qui peut aller jusqu'à l'enthousiasme et se manifester par la divagation ou les larmes, comme la volupté amoureuse.

Le sentiment esthétique est une des manifestations de la sensibilité humaine ; et les arts ne sont que des modes pour la satisfaire.

L'animalier, Potter ou Troyon, qui peint une vache est très au-dessous du chasseur primitif qui révéla à ses compagnons l'auroch. Le sauvage apportait de l'inconnu et Potter, de la banalité; Potter est un dégénéré.

Je supplie que l'on tolère ces termes forts. Il s'agit de la dignité humaine, les animaliers et leurs amateurs comptent pour peu de chose.

Le sentiment esthétique a découvert un reflet d'absolu, une perfection dans un vase d'argile ou au cou de la femme; l'étincelle révélatrice de la beauté est partie de l'objet. L'eau, le vent, la lumière, par leur action sur sa sensibilité, ont littéralement orchestré les balbutiements de l'impression d'art. Ces murmures de la forêt qui éveillent l'âme de Siegfried sont les voies cosmiques enseignant à l'homme le prodigieux mystère de sa conscience.

Quelques-uns, plus sensibles que les autres à ce caractère de beauté fortuitement découvert, se consacrèrent à sa recherche et à sa réalisation.

Si la première création, selon l'archéologie, fut le vase et la seconde l'ornementation personnelle, la bijouterie appliquée à la parure comme aux armes, l'art véritable ne commença qu'au jour de civilisation où l'on chercha l'expression de l'invisible, et plus exactement à l'heure où l'homme forma ses dieux, pour les rendre présents et effectivement protecteurs.

L'humanité, ne l'oublions pas, ne lit d'une façon générale que depuis quatre siècles et elle pense depuis sept mille ans. Tout ce qui fut dit au grand nombre pendant si longtemps fut dit par la forme. Les arts tiennent donc, pour la masse, la place des lettres. Il y eut un alphabet morphologique, avant tout phonétisme. Le rébus se trouve au début de chaque écriture et le blason au fronton de chaque temple.

Catéchistique ou exhortatif, l'art qui donna aux images divines une demeure ornée devint le commentaire des transcendantales pensées, relations de l'homme avec l'Absolu, transitions du temps avec l'éternité. L'allégorie théologique occupa le pinceau et le ciseau jusqu'au jour où le rite royal se mêla aux sacrés. Le despote entra dans la figuration comme vicaire du ciel. Bientôt les monarques usurpèrent sur les dieux et leurs icônes s'élevèrent isolément, mais les attributs restèrent religieux.

Le passage de l'art sacerdotal et royal à la libre production des Grecs et des Latins exigerait une multitude de points de vue historiques. Je n'ai voulu en établir que trois : l'homme est un être esthétique, par essence ; la beauté lui est révélée par une volupté spéciale, et le but de l'art est, a été et sera de rendre visible et virtuelle l'âme des formes qui est la beauté.

4

Oui, la beauté est l'âme des formes et cette définition me paraît applicable aux arts optiques, préférable aux formules où la vie s'impose comme résultat.

Comme l'âme, invisible en soi et que l'expression du visage et le mouvement seuls manifestent, la beauté, invisible ou imprécise dans la nature, s'anime et rayonne dans l'œuvre.

Qu'est-ce que l'âme? sinon l'ensemble phénoménal de la haute sensibilité, du raisonnement, de la volonté. Par conséquent, la forme parfaite résultera d'un dessin expressif par une confluence d'imagination et de logique.

La forme pure (celle des métopes du Parthénon et celle de Raphaël), typique ou synthétique, ou sérielle, correspond au raisonnement. La forme pathétique (de Michel-Ange) subordonne le type organique à l'extériorisation sentimentale. La forme subtile ou individualisée (Léonard) abandonne tout à fait le plan sériel et la forme passionnelle, pour créer un type mental, c'est-à-dire abstrait. On est forcé de faire des catégories d'après le caractère dominant, sans prétendre le trouver à l'état isolé.

La beauté se cristallise donc sommairement en harmonie, intensité et subtilité.

L'harmonie résulte de la parfaite subordination

des parties; l'intensité, de l'exaltation d'une qualité, et la subtilité, de la multiplicité des rapports exprimés.

L'*Ecole d'Athènes* et la *Cène* de Milan sont toutes deux harmonieuses, et Rembrandt est intense comme Michel-Ange. Dans la *Ronde de Nuit*, la clarté du miracle rayonne sur des gardes nationaux et la cuisine des anges de Murillo a lieu dans une atmosphère banale.

A Assise, comme à Bruges et à Cologne, on voit de belles âmes à travers des corps imparfaits, les Bolonais nous montreront de beaux corps sans âme. On ne saurait classer les artistes par le titre de beauté, pour jouer un peu vulgairement sur le mot, dans son sens de valeur métallique.

La *Vision d'Ezéchiel*, ce tableautin, l'emporte pour le style sur la fresque de Mignard au Val-de-Grâce, comme la *Mélancolie* de Dürer dépasse toute œuvre allemande. Il suffirait d'une sanguine de Léonard pour balancer la gloire des Chambres. Pourquoi ? Parce que chacune de ses œuvres réunit un nombre indéfini de rapports sur trois portées simultanées : plastique, pathétique et spiritualité.

Ces trois portées correspondent à la triple existence de l'homme. Tantôt la mélodie s'inscrit sur la ligne sérielle (Raphaël), tantôt sur la pathétique

(Rembrandt), plus rarement sur l'intellective (Léo-nard). Mais toujours les hautes et les basses s'accom-pagnent, se lisent aisément et qualifient le concept ou mieux le colorent. Si une figure passe par trois états : typique, expressif et symbolique, l'expression elle-même devra résulter du mouvement circonstanciel et du mouvement individualisé.

Prométhée au Caucase est un patient, il revêt donc les traits généraux d'un supplicié ; mais son supplice punit un acte à la fois si téméraire et si généreux que les accents de douleur organique doi-vent se subordonner à la douleur intérieure ; en-fin, cette douleur agissant sur une conscience plus qu'humaine, il faut qu'elle manifeste le dieu rebelle aux dieux, le démon sauveur des hommes.

De même l'état symbolique d'une figure corres-pond au symbole type, au symbole affectif, au sym-bole abstrait. Ce qui constitue l'œuvre d'art, c'est un caractère d'universalité permanente non indivi-dualiste qui la rend sensible pour d'autres temps, d'autres lieux, d'autres hommes que le temps, le lieu et le contemporain de l'artiste.

L'œuvre est d'autant plus belle qu'elle se diffé-rencie des œuvres du même artiste, des autres ar-tistes eux-mêmes et de leur civilisation. C'est le cas de la Cène, des Chambres et de la Sixtine.

Le sentiment de la curiosité historique qui nous

amuse aux *Noces d'Anne de Joyeuse* n'emprunte rien à l'idée de beauté, non plus que les trémoussements de la *Kermesse*. Ni les particularités locales et momentanées de la civilisation, ni les traits animaux et collectifs de l'humanité ne permettent la beauté. Pour comprendre une œuvre esthétiquement, il faut oublier la vie de l'artiste et du temps. Si Léonard avait voulu nous renseigner sur Louis Le More, et Raphël sur la cour de Léon X, ils auraient peint autrement. Ces maîtres n'étaient pas des chroniqueurs et ne se proposaient nullement de fournir des documents aux historiens; ils *voyaient* un monde idéal qui n'a jamais éxisté que dans leur esprit et ils ont peint leurs visions. L'artiste n'appartient à son temps que par la nature de ses visions qui participent non de la pensée générale, mais de cette minorité intellectuelle qui est toujours l'élite. Raphaël a fait son chef-d'œuvre avec l'*Ecole d'Athènes*, parce que l'humanisme a été le véritable mysticisme de la Renaissance. Rembrandt est seul, en son pays, à peindre d'après la Bible et dans un sentiment catholique.

Près de nous, les grands penseurs, Ballanche, Lacuria, Eliphas Lévy, les grands écrivains, d'Aurevilly, Villiers, Hello, le poète Verlaine, comme le musicien Franck, ne représentent que le petit nombre.

Quoique je répugne, l'ayant blâmé, à mêler la littérature à la critique d'art, l'immense suite de poèmes chrétiens qui commence avec les troubadours pour s'épanouir dans la *Divine Comédie* forment un fleuve d'hérésie et d'anticléricalisme, malgré la foi du temps. C'est encore la minorité, c'est-à-dire l'élite des croyants, qui donne une forme si sublime à l'aspiration générale.

Comparez les grands artistes aux grands princes, Sforza, Borgia à Léonard; Raphaël à Jules II et à Léon X. Voyez, de Signorelli à Fra Bartolomeo, quelle admirable moralité; elle résulte de la supériorité des fonctions. Ce sont des créateurs pénétrés de la dignité de l'art. Quelques sculpteurs de second ordre avaient le couteau en main en même temps que le ciseau. Soit, mais M. Falguière, dans le jugement des concours, empoignait ses collègues contradicteurs d'une façon plus que brutale; dira-t-on pour cela que le pugilat était d'usage parmi les professeurs de l'Ecole des Beaux-Arts ? Dira-t-on que les peintres du XIXᵉ siècle étaient ridicules parce que Meissonnier fit répandre des sacs de farine dans son jardin pour peindre la neige de la retraite de Russie? Rien n'est plus contradictoire aux faits caractéristiques que ces anecdoctes : autant vaudrait constituer les anomalies en clés de séries.

Pour comprendre une œuvre, un artiste, il faut pénétrer son caractère individuel, ce qui le marque, le sépare de l'esprit et des mœurs du temps.

L'*Embarquement de Cythère*, cette féerie sentimentale délicieusement théâtrale, ne reflète pas la polissonnerie d'alors. Quel contraste entre la mimique éperdue, les mains ouvertes du Poussin et le geste mesuré de Versailles! Quel autre contraste entre ces compositions antiques, d'une ligne générale si sonore, et les déplorables groupes de Van der Meulen! Le miracle de la Sainte Épine, comme les *Pensées* de Pascal, s'isolent dans la période Louis Quatorzième.

Le grand artiste est un dissident en face de l'esprit public, soit qu'il le devance comme précurseur, soit qu'il le repousse en qualité de tenant du passé. Aux périodes de formation, il joue toujours le rôle de précurseur et dans la décadence il se rejette en arrière pour ressaisir le fil de la tradition.

Ceux qui suivent le courant sont des natures moyennes et partant d'une signification seulement historique et documentaire. Or le document, qui prend sa valeur d'une date et d'un lieu, est la négation absolue du Beau.

Qu'on y fasse attention : le caractère historique et documentaire, depuis quarante années, appartient à la photographie avec une supériorité indéniable. Cette industrie a paru au moment même où l'informe et l'incolore généralisés rendaient impossible la peinture d'après les contemporains.

Le chef-d'œuvre-plante, c'est-à-dire la botanique appliquée à l'art, aurait passé inaperçu ou aurait été dédaigné, dans une revue de jeunes et sous un nom sans éclat. En France, le lieu où l'on parle constitue le principe d'autorité : ce qui est dit officiellement aux frais du contribuable se revêt d'un prestige administratif écrasant. Si à la patente de la chaire on ajoute le grade du proférateur, l'opinion paresseuse et bourgeoise s'incline. Une doctrine ainsi promulguée est comme une mesure d'ordre, et le sentiment civique l'enregistre pour qu'il y ait une doctrine, au sens où l'on veut une police.

Dans le langage des dîners d'augures, dans celui curieusement noté par les Goncourt où le vin mousse en paradoxe, où l'idée s'écrase en grotesque, on peut dire que le monument naît du sol ; il y plonge ses fondements comme des racines ; sa matière dépend des carrières les plus voisines et les grands architectes, même les petits, adaptent leur édifice au site dont il sera l'unique et colossal personnage. En outre, l'architecture est l'art collectif ; un génie fait le plan, mais l'âme de la pierre ne peut être que l'âme d'une foule.

L'édifice immuable fait corps avec le sol : la sta-

tue et le tableau passent de l'atelier aux lieux les
plus divers et nos musées sont nés de ce déplace-
ment.

Dès lors, l'œuvre d'art devrait perdre à cette
transplantation d'une cimaise à l'autre et d'une salle
ensoleillée à une autre embrumée. Il n'en est rien :
au British Museum comme à Athènes, comme à la
Glyptothèque de Munich, les marbres grecs con-
servent leur signification. Si l'on réfléchit à la brève
et fausse notion de l'antiquité qui est celle de la
plupart, à l'ignorance générale, où sont même les
lettrés du *quattrocento*, à la routine de ceux même
que la dévotion prépare à sentir les fresques d'Assise, on conclut à restreindre tellement le public
des chefs-d'œuvre qu'il ne reste plus que les conservateurs pour les comprendre, et encore selon
leur département.

En vérité, l'art crée incessamment son propre
milieu, sur champ d'or ou d'azur, sur fond de paysage ou d'architecture, ou même sur fond sombre
ou neutre, l'art occupe un plan déterminé par le
style, un plan surélevé au-dessus de la réalité
humaine et de l'exactitude historique.

Le personnage d'art diffère du vivant, comme
l'acteur en scène diffère de l'homme privé. Le cadre
où le socle sépare ce monde, de la fiction, comme
une rampe.

4.

« *Il est bien clair qu'une statue a pour objet d'imiter de tout près un homme vraiment vivant,* » dit Taine. Cela n'est pas si clair. La vie n'est pas la caractéristique de la statuaire ; il faut une autre épithète. Prendra-t-on pour type les *Lutteurs* de la Tribune ou le *Laocoon* ou le *Taureau Farnèse?* Une statue a pour objet d'héroïser l'homme vivant, c'est-à-dire de le faire passer du réel dans l'abstrait, par synthèse, pathétique ou subtilité.

Ce qui constitue la beauté d'une statue est exactement l'écart entre l'œuvre et le modèle, et cet écart consiste d'abord entre l'homme général ou sériel et l'individu; ensuite entre l'homme sériel et le personnage représenté; enfin, entre le personnage et l'idée majeure qu'il symbolise. Supposons qu'il s'agisse d'une statue de Prométhée, sa forme sera belle animalement ; de plus, elle sera un peu colossale, puisque c'est un démon, un être intermédiaire entre l'éphémère et l'olympien ; enfin, il faudra qu'elle réponde à l'audace qui ravit le feu, à la charité qui le donna, et surtout à la volonté que ne put épuiser le supplice du Caucase.

Supposons encore Œdipe allant au sphinx : il est jeune, fort et fils de roi ; mais son irascibilité le rend sanguin ou bilieux et la plastique d'Achille ne lui conviendrait pas ; enfin, sa prouesse étant d'un ordre moral et intellectuel, il serait mal rendu par la musculature d'un Thésée aux travaux de lutteur ou d'Hercule.

L'imitation de tout près ne nous donnerait dans le premier cas qu'un Titan et non le Titan, et dans le second qu'un citoyen de Thèbes au lieu de son sauveur et légitime roi.

Ce que Taine appelle « *imitation des rapports et dépendances mutuelles des parties* » est ce travail du retour au type ou beau sériel qui ne constitue que le premier acte de l'artiste.

Du beau corps il doit faire le corps d'un tel et enfin un tel comme symbole.

Prométhée sera d'abord homme, puis démon, enfin porteur de feu ; Œdipe passera par trois états, fils de roi, héros, et devin. Ainsi les maîtres ont procédé, ainsi les élèves devraient procéder.

La théorie du personnage dominant présente cet inconvénient d'unifier à outrance l'aspiration d'une époque et d'évoquer une image fausse parce qu'il faut choisir entre plusieurs équivalentes. Ainsi on fait des frontispices et non de la vraie synthèse. Un jeune homme nu pour la Grèce, un moine et un chevalier pour le Moyen Age, me satisfont peu.

Le personnage d'une civilisation, ce n'est jamais que son Dieu ou ses dieux. Autour de cette idée se groupent toutes les excellences.

Le Jupiter Olympien passait pour le chef-d'œuvre de Phidias, avec sa Pallas Athéné. La Madone ne paraît-elle pas le personnage dominant du Moyen-Age au lieu du moine et du chevalier, ses servants ? Il serait assez difficile de former une histoire de l'art avec des moines ou des chevaliers, tandis que la Vierge donnerait la succession morale, de Giotto jusqu'à Sasso Ferrato. Les vierges du Vinci, de Raphaël et de Michel-Ange sont aussi significatives que celles des primitifs. Ici, l'état général de la croyance se manifeste et la *Vierge à l'Hostie* et celle du *Vœu de Louis XIII*, si froidement vierges et si lointainement belles, expriment l'époque des chiens dormants et de l'indifférence en matière de religion. Hébert a dû chercher sa vision dans l'archaïsme, comme Flandrin. Le cœur ne bat plus pour Notre-Dame, l'esprit la conçoit, à travers les documents, comme une figure de l'Inde ou de Kaldée.

Vraiment, pour quel contemporain Faust est-il le personnage dominant ? Il n'y a plus de mystère, disent les professeurs, et cela est horriblement vrai, il n'y a plus de mystère pour une génération qui, comme Klingsor, a tari la souffrance par la négation de la vie spirituelle et qui s'est débarrassé du trouble métaphysique, à la façon d'Origène. En d'immortels accents, Musset a exprimé cette for-

midable loi de notre nature que la Grèce symbo-
lisait en adossant la douleur de Déméter à l'ivresse
de Dionysos. Ce que Taine prend pour une crise
morale qui pendant le Moyen-Age aurait *détraqué*
l'esprit humain, c'est la faculté presque divine de
communier avec la douleur humaine et de la con-
soler en l'immortalisant.

A qui fera-t-on croire «que l'homme, animal supé-
rieur, produit des philosophes et des poésies comme
les vers à soie des cocons et les abeilles le miel ? »

La création d'art serait donc une faculté d'espèce ?
Je ne dirais pas, comme platonicien, qu'il y a entre
le génie et le commun la distance de Dieu à
l'homme ; mais je sens du Vinci à moi un abîme et
m'estime de pouvoir le mesurer.

On intéresse avec une climatologie des œuvres,
on n'instruit pas. La loi esthétique se trouve dans
l'homme même et non dans sa ville ou sa zone :
car l'art sort de l'homme, c'est son Verbe.

Pour les matérialistes, la spiritualité s'arrête là
où la beauté typique paraît et la *Vierge à la chaise*
semblera à Taine « une sultane sans pensée avec
un geste d'animal sauvage», et les apôtres du Vinci
seront surtout «des Italiens vigoureux». Le *Voyage
en Italie* abonde en notations semblables qui portent l'empreinte d'un systématisme aveugle et pro-
fessoral.

Le savant voudrait fermer le monde intellectuel à tous; en cette prétention, il succède au prêtre qui, jadis, imposait son jugement au nom d'une grâce d'état. Nous ne croyons plus qu'à l'autorité individuelle prouvée par des œuvres et l'impériosité positiviste nous fait rire, quand elle se déguise en corporation intransigeante. « *Pour que l'homme puisse goûter et produire la grande peinture, il faut qu'il soit cultivé.* » Autant dire que, pour éprouver l'amour, il faut de la lecture. Le phénomène esthétique appartient à la série des attractions.

Nous sommes charmés par une belle image comme nous le serions par une belle réalité, mais l'image, au lieu d'agir sur le plan concupiscible, actionne seulement notre conceptualisme; et nous contemplons la beauté parce qu'elle n'est pas tangible autrement.

La Beauté se révèle toujours par la volupté. Admirer, c'est jouir, j'entends admirer l'image et non le procédé, car, alors, ce serait juger, opération cérébrale différente.

Il faut une grande application pour voir comme pour entendre et nul au premier aspect et au premier son ne jouit d'une fresque ou d'une symphonie. Mais la culture qui prépare au plaisir d'art se détache radicalement de l'enseignement universitaire, et Taine nous le prouve avec éclat. L'émotivité ne résulte pas de l'érudition. Mettez ensemble le *Paradis* d'Angelico, l'*Adoration de l'Agneau*, la *Vierge au Rosier* de Lochner et un Antonio del Rincon ; et amenez devant ces œuvres d'origine si diverse quelqu'un qui ait seulement le sentiment religieux, il comprendra, sans savoir rien de Van Eyck, de l'Ecole de Cologne, de l'Italie, ni de l'Espagne.

Rapprochez les Vénus de Botticelli, celles de Raphaël, de Corrège, de Titien, même de Cranach et de Rubens : qui ne verra l'effort pour rendre la beauté féminine ? Les bons commentaires sont ceux qui naissent de la contemplation et qu'on n'écrira jamais.

La compréhension du sujet est-elle utile ?

Non plus que la connaissance du thème pour l'impression musicale. Nous tous, écrivains de métier, nous ne concevons rien sans formules et des phrases nous viennent à toute impression : des larmes et du vertige vaudraient mieux.

Comprendre, afin d'expliquer, afin de créer, à côté d'un texte, à propos d'un panneau, une page, cela n'a vraiment rien de commun avec l'obscur, mais profond émoi de l'enthousiasme.

L'essence de l'œuvre d'art n'est ni dans le sujet, ni dans la perfection technique ; car les décadents

ont traité les grands sujets et Gérard Dow est peut-
être meilleur peintre que Léonard au point de vue
du métier ; l'essence de l'œuvre d'art est dans l'impression qu'elle produit. La casserole de Kalf, le
citron de David de Heem, les imitations de velours
de dentelles au Campo Santo de Gênes s'adressent
au criticisme. Il s'agit d'un pari, d'une gageure :
le peintre et le sculpteur ont fait un tour de métier.

L'essence de l'œuvre d'art est dans le sentiment
de volupté spirituelle qu'elle produit. Je relie har-
diment l'esthétique à l'amour, dans son caractère
myrionime qui descend du divin jusqu'au sexuel.

Prier avec les primitifs, jouir de la belle nudité
ou de la pompe avec Titien, rêver, s'émouvoir,
méditer, tout se résume en un phénomène de conscience.

Le chef-d'œuvre nous révèle à nous-même ! Taine
a dit que chaque situation nouvelle produit un nouvel état d'esprit et, par suite, un groupe d'œuvres
nouvelles, c'est-à-dire que l'œuvre naît de l'état
d'esprit qu'elle manifeste. Peut-être faudrait-il s'entendre sur la nouveauté d'une situation. L'Imprimerie, la Réforme, la Révolution ont créé une situation, mais le problème plastique reste le même de
Dürer à Ingres, l'expression de l'âme ne connaît
pas d'autre loi en 1906 qu'en 1500.

L'œuvre d'art est produite par un état d'esprit permanent et universel qui défie les modalités de race et de zone.

La petite Kaldéenne du Louvre en plissé soleil, la plus ancienne Isis, comme la lorette de Garvani expriment un sentiment sériel.

La mosaïque de la *Bataille d'Arbelles* et la *Bataille de Constantin* n'impressionnent pas plus le savant que l'ignorant. Quels que soient les costumes, des cavaliers de Léonard ou des soldats surpris au bain de Michel-Ange disent à tous la même circonstance.

Quel est donc cet état d'esprit universel et permanent ? L'état esthétique.

La Beauté est unique en ces caractères essentiels. La même recherche amène au même résultat.

Les chefs-d'œuvre ont entre eux un air de famille et cet air constitue la quintessence de l'art. Avec la gamme, Palestrina a tout exprimé, comme Wagner. Avec la forme humaine, depuis le Sphinx placé au seuil du désert jusqu'au lion de Saint-Marc sur sa colonne, depuis la déesse de Thèbes jusqu'à la Madone, tout a été dit.

Le Christus Judex de Michel-Ange avec la barbe serait Zeus foudroyant, comme les personnages de la *Dispute du Saint-Sacrement* pourraient devenir grecs et ceux de l'*Ecole d'Athènes* chrétiens. Le Saint Jean à mi-corps n'est-il pas un sphinx avec des bras ?

Il faut classer les œuvres, comme les personnes, selon leur rayonnement. Une œuvre vaut au même titre qu'un individu. Il n'est pas au pouvoir de l'art de nous intéresser à une image dont la réalité nous ennuierait. Les *Syndics* de Rembrandt nous assomment en peinture parce qu'ils nous assommeraient en réalité. Ils sont des syndics, ils représentent des intérêts matériels. Le beau n'admet pas ces gens-là dans son domaine. Tel banquier de la Renaissance a le visage d'un Apollon : au domaine des formes il est donc Apollon et non banquier. Le portrait de Dürer à Munich passerait pour un beau Christ. Ce n'est donc pas un portrait, malgré la ressemblance. Les intentions, même pures ou sublimes, ne comptent pas. Beaucoup voient des merveilles en esprit, mais ne peuvent les réaliser. Or, l'œuvre d'art, étant une réalité, doit être jugée en fait. M. Luc-Olivier Merson eut une idée géniale, il endormit la Madone entre les pattes du grand Sphinx, et son tableau cependant n'est qu'une image de piété.

Je ne suis pas convaincu que le pathétique matériel ou physique soit canonique et qu'on puisse représenter les miséreux, les vieillards et les ma-

lades, si ce n'est dans le mariage de Saint-François,
les prophètes et les scènes miraculeuses où cet
accent douloureux sert à un thème essentiellement
symbolique. Peindre un pouilleux pour le peindre
est un acte de peintre; et il y a un abîme entre un
art et l'art, entre la peinture et la beauté.

Trop longtemps, on a laissé l'homme de métier
insulter à la métaphysique par une virtuosité inso-
lente.

Celui qui ferait flotter du pollen autour d'un
bouquet serait certes un habile; mais la maîtrise
appliquée au trompe-l'œil ou à toute imitation
correspond, chez l'exécutant, comme chez l'appré-
ciateur, à un véritable abrutissement. Nul, s'il
n'est peintre ou sculpteur, ne doit accorder son
attention à la peinture et à la sculpture, mais il la
réservera toute pour la beauté exprimée, par n'importe quel procédé.

Qu'est-ce que Vénus? La plus belle femme. Et
Apollon? Le plus bel homme. Au lieu de dire aux
élèves des Beaux-Arts : « Faites une Vénus et un
Apollon », dites-leur : « Faites la plus belle femme
et le plus bel homme. »

Qu'est-ce que la Vierge? La plus belle âme de
femme. Qu'est-ce que Jésus? L'âme divine dans un
corps humain.

Il est bien clair que la plus belle femme, Istar,

Aphrodite, Freia est susceptible de modification, virginale pour Artémis, cérébrale pour Athénée, matronale pour Héra ; que le plus bel homme ne sera pas identique sous les traits de Dionysos ou de Pluton, d'Asclépios ou de Thésée ; que la Vierge-Mère peut être vue ou juvénile dans l'Annonciation ou douloureuse dans la Pieta et que le Jésus des *Noces de Cana* est un autre que celui qui chasse les vendeurs ou qui porte sa croix.

Mais il est certain aussi que Pythagore pourrait, moins le bonnet, prendre les traits de Léonard, et que l'Aristote et le Platon de Raphaël porteraient bien tout nom de penseur. Cette considération susceptible d'un développement indéfini aboutit à cette formule :

Il y a des modes dans l'art qui correspondent à des catégories mentales ; ce sont les couleurs du prisme expressif. Ici, la tentation est vive de prendre un nombre sacré, le septenaire par exemple, et de donner l'analyse du spectre animique ; mais il convient de renoncer aux énonciations que l'époque déteste, quand on peut avoir raison sans attenter aux susceptibilités contemporaines.

On accordera bien qu'il y a un mode sacré, celui où la théodicée commande ; et on reconnaîtra dans la *Ronde de nuit*, qui est une ronde de jour, l'irréalité qui fait de la *Pièce aux cent florins*, de *l'Ange* de *Tobie*, des *Pèlerins d'Emmaüs*, des œuvres vraiment religieuses ; et on accordera également que ces œuvres sont plus hautes que les *Syndics* et que la *Leçon d'Anatomie* parce qu'elles matérialisent un idéal suréminent.

L'esthétique étant, d'après son étymologie, une entreprise de sensibilité, recherche ce qu'une œuvre fait sentir, sans souci du moyen (technicité) ni du sujet (ancienne catégorie). Ainsi l'art s'adresse à tous et surtout aux illettrés, *aux purs sachant par compassion*, littéralement.

Cette doctrine dérange tellement les intérêts les plus nombreux et les plus vifs, elle attaque tant de situations frauduleusement acquises et ruine tant de commerçants qu'elle rencontrera une résistance de nature économique et d'un caractère désespéré.

Pour écrire que l'art imite la nature, il faut n'avoir jamais réfléchi que, dans l'œuvre, l'idéalité remplace la vie. L'exclamation : « C'est vivant ! » ne loue que le peintre ; l'*Innocent X* de Velasquez, les *Juifs* de Rembrandt, les personnages d'Holbein sont vivants. De quelle vie ? Historique ou seulement matérielle ? Donnons vite le prix d'exécution à ces toiles destinées à une Académie et allons voir le reflet de notre conscience dans des œuvres d'art qui nous parlent d'autre chose que de la couperose d'un pape ou de la bonhomie d'un bourgeois.

L'art nous doit un spasme transcendantal et, si le mot offusque, un baiser de mystère qui épanouisse notre sensibilité, accélère notre vie cérébrale et nous suscite de l'émotion et des idées.

Pour les uns, l'immoralité dans l'art se borne à la nudité; les bras, les cuisses nues, c'est-à-dire le déshabillé, ne gênent point nos clercs, et, à Saint-Pierre de Rome comme dans les églises des jésuites, le retroussé fleurit aux draperies des anges.

A vrai dire, l'œuvre qui fomente la concupiscence est basse; mais combien rare dans les musées! Les amateurs de photographies d'actrices ne s'arrêtent pas devant l'*Antiope* du Corrège : qui donc a éprouvé un désir, en face de la Milo?

Pour les autres, la moralité dans l'art s'entend d'une volonté moralisatrice comme celle du peintre belge Wiertz; l'œuvre véritable, thèse pathétique, prend le caractère d'un sermon et tend positivement à inculquer au spectateur une vérité pratique et à modifier sa sensibilité dans un sens de charité. Des sensibleries de Greuze aux *Casseurs de Pierres* et au *Retour de la Conférence* par Courbet et aux mineurs de Constantin Meunier, on suit un dessein vaguement prêcheur ou polémique.

Est-il besoin de protester contre l'œuvre qui prêche ou l'œuvre qui plaide ? Le rappel aux fins dernières d'Orcagna, de Signorelli, de Michel-Ange ont bien un sens exhortatif, mais qui s'inspire de la fragilité de l'homme et du mystère qui suit la mort au lieu d'avoir ses textes dans les programmes politiques. Montrer le paradis et l'enfer, la justice divine saisissant le coupable et couronnant le juste, c'est rester dans l'idéal typique ; car un Egyptien, un Hindou, un Persan retrouverait sa propre mentalité dans ces conceptions, malgré leur extériorité latine. La pire mésaventure qu'on puisse évoquer serait celle d'une école moralisatrice s'appliquant aux anecdotes des recueils de bons exemples.

La Beauté opère par volupté. Un chef-d'œuvre augmente en nous la vie de la grâce, miroir magique qui éclaire et dilate notre personnalité. D'abord, la Beauté nous dissuade de toute vulgarité, elle nous inculque l'idée de perfection et d'harmonie. La Beauté est le mystère pour les yeux ; elle est le vrai sensible, elle est le bien visible, elle est le visage de Dieu.

Nous vivons intellectuellement de mystère comme Faust, nous vivons animiquement d'aspirations au bonheur ou à la justice comme Prométhée ; et l'art créé par la religion devient la nouvelle religion pour les hommes qui cessent de croire sans cesser d'être hommes et de sentir. Seulement les prêtres de l'art se recrutent autrement que les autres et leur ordination n'appartient pas à un simple évêque.

Tout est mystère chez ces proférateurs du mystère et je découvre une sorte de blasphème à expliquer humainement ces êtres au verbe surnaturel qui ont inventé les formes de nos songes et qui ont étendu notre horizon intellectuel de toute leur force d'illumination. Celui qui supporte le pittoresque, c'est-à-dire la peinture pour elle-même, ignore la dignité de l'art et les augmentations de personnalité qu'il peut en recevoir ; il ressemble à celui qui s'arrêterait à contempler la structure d'un épi au lieu d'en tirer sa nutrition.

Le conseil de Gœthe que Taine a répété avec une vénération inconsciente, a produit dans l'œuvre même de Gœthe le *Général-Citoyen*, le *Grand Cophte*, *Clavijo*, des choses mort-nées sans le nom qui les soutient.

Se figure-t-on Balzac peintre ou sculpteur ? Le roman, qui est à proprement parler l'histoire d'une passion et dont l'intérêt tout psychologique dépend d'analyses successives, n'a pas besoin de plasticité, il ne s'adresse pas aux yeux. La comédie en peinture, qu'il s'agisse du rire de Steen ou de Téniers, des singes de Decamps, des augures de Gérôme, produit un effet de malaise. On n'admet pas volontiers que la couleur, cet élément de gloire

et de prestige, soit ravalé à frotter du cuivre, à
lustrer du poil, ou à augmenter le ridicule d'une
grimace. N'éprouve-t-on pas un déplaisir à voir la
laideur, la vieillesse, très ornées ? Quoi ! les colliers
de Miranda au cou de Sycorax, la robe majes-
tueuse de Prospéro sur Caliban ! Et encore le mons-
tre, dragon, gargouille, Quasimodo, comme figure
de bas plan peut se justifier, par l'antithèse et l'intensité de cette antithèse; mais à une époque où
l'ouvrier et l'élégant portent le même veston, où le
travailleur manuel s'habille comme l'oisif, où l'uni-
formité règne, où le chef de l'Etat ne diffère de son
maître d'hôtel que par un sautoir rouge, le problème
de la représentation contemporaine devient insolu-
ble et le Bertin d'Ingres ne suffit pas pour déterminer un genre.

Les personnages de Velasquez, laids, inhumains
et n'incarnant que le despotisme à base théocratique, offrent au moins un caractère de concentra-
tion, d'exception morale. Visiblement, ce sont des
individus redoutables et sinistres, aussi noirs de
dessein que d'habit. A la rencontre, on les fuirait.
Cette disgrâce, qui résulte d'un aspect médiocre
sans style ni chaleur, domine l'art entier. Socrate
n'avait pas sa vraie tête, mais la plus contradictoire à son génie, tandis que M. Thiers, ce sinistre
Niebelung de la bourgeoisie, ressemble bien à lui-

même. Il est aussi redoutable qu'aucun podestat
de la Renaissance et cependant le crayon ridicu-
lise toujours ce terrible Alberich. César Franck
fut le grand musicien de son temps ; Gustave Moreau le plus idéaliste des peintres : tous deux res-
semblaient à des notaires de province. Si l'exer-
cice du pouvoir absolu et le génie ne comportent
pas un peu de style, dans l'extériorité, en trouve-
ra-t-on parmi ceux que les médiocres intérêts pas-
sionnent ou bien ira-t-on, comme font les stupides
élèves de la villa Médicis, peindre des paysans,
c'est-à-dire des êtres rudimentaires? Comparez les
portraits et les personnages de Raphaël, comme les
portraits et les personnages d'Ingres. Comparez les
portraits des peintres réalistes par eux-mêmes et
voyez si Courbet ne se traite pas autrement, et avec
un sens plus élevé, que ses autres figures. Il semble que la question du modèle suffisant ou non est
tranchée.

A aucune époque, on n'a pu dire la pompeuse
phrase de Gœthe : « Emplissez votre esprit et votre
cœur des sentiments et des idées de votre siècle, et
l'œuvre viendra. »

L'œuvre n'est venue qu'aux temps où les artistes emplissaient leur esprit et leur cœur des sentiments permanents et d'idées sempiternelles. Aujourd'hui le sentiment du siècle est une aspiration

au confort ou au luxe; la femme aspire à changer de toilette et l'homme à changer de femme.

Ah! le beau thème que celui-là pour la fresque et le haut-relief.

Nous avons secoué l'autorité spirituelle : subirons-nous celle des fonctionnaires et de l'enseignement ?

Il y a plus d'audace à critiquer Taine, alors que le positivisme est d'Etat, qu'il n'y en eut à se gausser de la Bible au temps de Voltaire.

Quant on pense qu'un homme a pu affirmer publiquement : « *De nouvelles formes apparaîtront et un moule se rencontrera,* » pour cette raison drôlatique que tout changement de mœurs amène un changement d'art. « *Le progrès de l'expérience est infini; les applications des découvertes sont indéfinies; la machine politique s'améliore, les sociétés protègent les talents...* » Ces folâtres propositions ne tiennent pas un moment à la réflexion.

Après Raphaël, après Dürer, après Rembrandt, après Rubens, après Vélasquez, aucune forme n'est apparue, de l'Arno au Rhin, ni de l'Amstel à l'Escaut et au Manzanarès.

Léonard, malgré le progrès de l'expérience, est le maître dont les peintures ont le plus perdu. Non seulement nous ne savons plus teinter les vitraux, mais nous ignorons comment un Gérard Dow fabriquait ses couleurs. Michel-Ange attaquait le bloc et nous le livrons au praticien.

Les applications des découvertes de M. Chevreul nous donnent quatorze cents teintes, mais des teintures bonnes pour les gens de la cinquantième avenue.

Illusion pour illusion ! Celles d'antan valaient mieux. Voyez ce qui sort des écoles municipales ! c'est inexposable !

L'application humaine est limitée, comme sa force physique, comme sa portée optique. Expérimentalement, l'écolier de demain saura autant que le savant d'aujourd'hui.

Esthétiquement, il n'y a pas de succession. Après le génie vient la médiocrité et, à vrai dire, il n'y a point d'écoles, il y a des hommes plus ou moins divins et d'autres hommes appliqués qui les suivent. Le fils du notaire et de la paysanne, Léonard, plus racé qu'un Charles Ier, bon comme un saint, prodigieux comme Faust, aussi fort que Michel-Ange par le *Carton*, aussi suave que Raphaël par la *Cène* et aussi mystérieux que le mystère par lui-même, n'est ni une plante florentine ou lombarde, ni même un homme puisqu'il possède l'attribut divin qui est de créer. Bien au-dessous de lui, mais encore adorables, Luini et le Sodoma prolongent le rayonnement du Vinci.

L'histoire de l'art est celle de quelques individus.

Entre eux, on met cinquante noms qui ne valent que comme diminutifs de leurs noms ! Ils servent, ces cinquante, de degrés pour mesurer les géants, dont, sans eux, nous ne connaîtrions pas la véritable stature. *Natura non facit saltum*. Avant et après le génie, on ne se prosterne pas, mais on admire encore.

Le nouvel inquisiteur, le matérialiste qui pose ses étiquettes d'apothicaire sur les chefs-d'œuvre, ne vaut pas mieux que son prédécesseur qui, avec la Bible pour pierre de touche, intervenait même dans la cosmologie. Jugeons les doctrines à leurs fruits : celle de Taine a permis au réalisme et à l'impressionnisme de se produire, d'occuper les gens raisonnables et de marquer une date dans les fastes du goût. Avec lui, l'anarchie a pris place dans la cathédrale esthétique.

Quel spectacle lamentable que celui d'un salon annuel ! Il ne donne pas la mesure de la décadence. En interrogeant les élèves des Beaux-Arts, on s'aperçoit que le mot « école » ne correspond plus à une réalité et que l'enseignement échappe à la critique, car il n'existe littéralement pas. Le dernier qui eut des principes, Gérôme, les démentait par sa production médiocre. Les jeunes artistes, en

5.

France, livrés à eux-mêmes, sans conseil, sans méthode, se perdent dans la bizarrerie ou le mercantilisme. Ils méritent cependant qu'on s'intéresse à leur désarroi. Celui qui leur parlera le langage de l'amour, qui, au lieu de leur raconter comment on portait des chausses mi-parties en 1499, à Milan, tiendra des discours de foi, c'est-à-dire d'enthousiasme, celui-là sera entendu, celui-là sera suivi.

L'art de France se meurt parce que nul n'aime la beauté comme saint François aima la pauvreté, éperdument.

Un homme de la valeur de Taine ne peut pas passer vingt ans sur une matière sans rencontrer quelque vérité et devenir son propre réfutateur quand il s'est trompé. On peut lire (*Philosophie de l'Art*, II, 259) : « *Il y a pour chaque objet une forme idéale, hors de laquelle tout est déviation et erreur et on peut découvrir un principe de subordination qui assigne des rangs aux diverses œuvres d'art.* »

L'art a pour but de manifester l'essence des choses. Précisons ce langage d'universitaire. La forme idéale est la seule forme; toute autre est l'informe.

La hiérarchie des œuvres s'établit par le degré d'idéalité *réalisée*.

L'essence des choses s'appelle âme ou esprit dans les êtres.

Par conséquent, l'esthétique est la méthode qui, appliquée aux arts du dessin, enseigne aux artistes la création et aux autres la contemplation de la forme idéale, expressive de l'essence des choses et de l'âme des êtres.

Louis XIV fut vraiment un grand esthète, en face des Téniers, et un jour l'opinion dira aussi aux conservateurs des musées : « Otez-moi de là ces magots. »

Une esthétique est toujours, même à l'insu de son auteur, le fragment d'une philosophie, voire d'une politique. Des connexités, maintes fois signalées entre le Beau, le Vrai et le Bien, déterminent une méthode où la croyance et la morale se substituent au véritable objet de la recherche.

Taine positiviste, imbu du déterminisme scientifique, devait tenter une critique rationaliste de l'art.

Les écrivains traditionalistes commettent la même faute. Prenant au littéral une phrase de Vasari, dans la vie de Buffalmaco, ils assurent que les *trecentisti* n'avaient d'autre but « que de glorifier les saints et de rendre les hommes meilleurs ». Dessein implicite peut-être, mais qui convient mieux à des missionnaires qu'à des artistes. L'intention ne signifie rien dans les œuvres. Si l'enfer est pavé de bonnes intentions, les musées en sont tapissés. Le génie du peintre seul glorifie le modèle ou le sujet, et si en effet le spectacle de la perfection rend l'homme meilleur, c'est plutôt une question de maîtrise que de charité.

« Cette statue (le Moïse) est au moins décente, tandis que celles de la chapelle des Médicis sont d'une révoltante nudité. »

M. Cartier donne ainsi la mentalité du catholicisme officiel. Même interprété avec l'austérité tragique de la chapelle Médicis, le nu agit en manière d'épouvantail, sur l'esprit clérical ; il ne juge pas, il exorcise, puéril et superstitieux, obéissant à une notion niaise, mais imposante, et redite par des voix très autorisées, de siècle en siècle.

L'Arétin aussi fut scandalisé par Michel-Ange et demanda au Pape la destruction du *Jugement dernier*. On fit *braguetter* tous ces élus et ces damnés. Mais aucun dissertateur ecclésiastique ne s'est avisé des cuisses d'anges de la chapelle Clémentine, des amours jouant avec les attributs de la Foi sur les pilastres de Saint-Pierre, ni de la Véronique colossale dansant la danse du châle, non plus de l'Extase de sainte Thérèse au *Jesu*, ce monument d'érotisme, d'une lascivité si vive.

Pareille disposition de la sensibilité obscurcit l'entendement. Celui qui n'est pas assez avancé dans l'initiation plastique, pour s'élever au-dessus des bienséances communes et de l'effluve sexuel, devrait rester tout à fait un honnête homme et se taire sur une matière où la morale s'appelle le style.

Une peinture ne mérite pas l'épithète de sacrée parce qu'elle représente une scène ou un personnage de la foi.

Le caractère ne vient pas du sujet, mais de la façon dont il est traité.

Ceux qui font à Michel-Ange des procès au nom de l'honnêteté en instruisent aussi contre Raphaël, qu'ils jugent moins chrétien d'inspiration que le délicieux, mais monotone et douceâtre Pérugin.

La *Dispute du Saint Sacrement*, l'*Ecole d'Athènes* se font face dans la même chambre du Vatican. Essayez de convaincre, je ne dis pas un prêtre du commun, mais un cardinal, que la première est très inférieure à la seconde comme composition sacrée, et vous passerez pour un esprit paradoxal et facétieux. Il n'y a de sacré que certains personnages et certains sujets, et pour un homme de culture exclusivement littéraire, des philosophes seront toujours profanes.

Placez, par la pensée, la *Sainte Anne* de Léonard sur un autel; vous produirez un malaise indé-

finissable au dévot, alors qu'il se plairait au dernier
des Sasso Ferrato.

Il y a deux raisons à cette méconnaissance. On
ne veut pas admettre d'autre vérité que celle de son
habitude ; et le Jupiter d'Ostricoli et la Minerve Gius-
tiniani n'appartiennent pas, pour un dévot, à l'art
religieux. Cependant, ces figures rayonnantes d'immortalité l'emportent sur beaucoup de Pères Eter-
nels et de madones. La même répugnance manifestée
aux dogmes étrangers, on l'éprouve aux expressions
nouvelles. Une paresse originelle s'arrête devant
le renouvellement des thèmes ; le chrétien retrouve
plus aisément sa piété moutonnière dans la fadeur
sucrée d'images nulles que réprouve au contraire
un goût purement artistique.

Une certaine niaiserie fait partie intégrante du
caractère religieux, tel que les pratiquants le con-
çoivent : et les libres-penseurs, en retour, décla-
rent profane tout ce qui est viril et canonique. Prétendre, avec Taine, que la Cène du Vinci n'est qu'un
groupement « d'Italiens vigoureux » ou avec M. Cartier cherchant à caractériser la Renaissance que
« l'ancien ennemi voulut rentrer dans cette société
dont il avait été chassé » sont de ces formules pi-
toyables qui désolent les bons esprits. Réduire l'intention de Léonard si bassement ou faire interve-
nir le diable, voilà deux absurdités répugnantes,

filles toutes deux du fanatisme et de l'ignorance.

Il y a quelque impertinence à répéter ce mot à propos de Taine, mais il le mérite autant que M. Cartier. Ni l'un ni l'autre ne connaissaient la Renaissance. En face des nus, l'un n'apercevait pas l'âme de ces nus et les calomniait au nom de son matérialisme, et l'autre les exécrait comme fidèle obtus.

Aujourd'hui, la doctrine cléricale n'a plus besoin de réfutation ; elle n'exerce aucune influence et ce serait un gaspillage d'encre que de nier le rôle de Satan dans l'éclosion de l'humanisme.

Les erreurs sacerdotales n'offrent plus aucun danger. Au contraire, celles des universitaires, impérieuses, menaçantes, presque triomphantes, appellent la réfutation.

Jamais en Champagne on ne pensera comme en Auvergne, parce qu'en Champagne il y a de la craie, et en Auvergne du granit, parce que l'un de ces sols est plat et l'autre montueux ; de là dérivent des cultures particulières, des mœurs spéciales, et les mœurs font d'abord les idées, quelles que soient les croyances.

Cela est vrai : toutefois comparez les poésies d'un troubadour champenois et d'un auvergnat et vous ne retrouverez plus rien qui corresponde à cette opposition si imagée de la craie et du granit.

Quinet a écrit :

Par le midi, la France touche à l'Italie et les Pyrénées ne la rattachent-elles pas, comme un système de vertèbres, à la contrée d'où sont sortis les Calderon, les Camoens, les Michel Cervantès ? Par les côtes de Bretagne ne tient-elle pas au corps entier de la race gallique ? Enfin, par la vallée du Rhin, par la Lorraine et l'Alsace ne s'unit-elle pas aux traditions comme aux langues germaniques ?

Ce sont là des aperçus ingénieux d'une vérité partielle ; il convient de les subordonner à une loi autrement prouvée.

L'homme de génie incarne tantôt l'âme générale, tantôt celle d'une minorité ; il épouse ou répudie l'aspiration d'une époque. Amplificateur ou contempteur des mœurs environnantes, il se définit surtout par dissemblance : et le génie par lui-même n'est-il pas déjà la plus grande dissemblance d'un homme en face de l'espèce humaine ?

L'antiquité pénétra la mentalité chrétienne bien avant la Renaissance. Aristote a le rang d'un père de l'Église ; un passage du traité *Du ciel et du monde* sert à prouver la trinité et on tire du douzième livre de la *Métaphysique* les preuves de l'immortalité de l'âme et du dieu personnel. Voyez au IV de l'*Inferno* : « le maître de ceux qui savent siéger parmi sa famille spirituelle ».

A Venise, selon le dire de Pétrarque, on se moquait de Moïse et de la Genèse ; les averroïstes étaient nombreux. A Padoue, Pierre d'Apone se rit de la Résurrection de Lazare. Si on relit la *Divine Comédie*, on y trouvera les éléments de la Renaissance étroitement combinés avec le christianisme. Au concile de Florence (1438) se trouvait un homme dont l'influence fut immense : Gémistos Plethon, le maître du futur cardinal Bessarion, ne fut pas pendu comme Cecco d'Ascoli, et cependant il osa dire dans son *Livre des lois* : « Bientôt les hommes embrasseront tous une même religion, qui ne sera ni celle du Christ, ni celle de Mahomet, mais une troisième dérivée du Polythéisme. » Sous la protection de Cosme l'ancien, Gémistos élabora un culte, des rites, des prières ; et de lui sortira intellectuellement Marsile Ficin, l'apôtre du néo-platonisme.

Le clergé était trop intéressé à discréditer les humanistes pour ne pas les étiqueter de païens, ce qui veut dire sensuels, épicuriens, jouisseurs, dans l'esprit de la foule.

A qui attribuerait-on ce passage :

O volupté au-dessus des sens ! O joie au-dessus de l'âme ! O allégresse au-dessus de l'intelligence... ! C'est qu'il me recueille avec toi, ô mon âme ; c'est qu'il est en moi, l'unité des unités, Dieu ! Réjouissez-vous avec moi, vous tous dont Dieu est la force. Le Dieu de l'univers m'a embrassé, le Dieu des Dieux me pénètre. Déjà, déjà Dieu te nourrit tout entière, ô mon âme, et celui qui m'engendra me régénère, il engendra mon âme ; il la transforme en ange, il la convertit en Dieu... Quelles grâces te rendre, ô Grâce des Grâces !

Nous sommes loin de ce matérialisme prétendu que l'on s'obstine à attribuer aux humanistes.

La Renaissance a une doctrine faite de Platon et de Plotin. Marsile remplit auprès de Cosme et de Laurent un véritable office de chapelain, sous les ombrages de Careggi, aux accents du chanteur Squarcialupi.

Politien, Pic de la Mirandole, Bevivieni, Laurent de Médicis lui-même, tous les poètes néo-platoniciens sont des mystiques ardents.

Le prodige de dix-huit ans qui parle vingt-deux langues, le prétendu pédant des neuf cents thèses, *de omni re scibili*, est peint à Saint-Ambroise de Florence par Cosimo Roselli. C'est un adolescent à la taille souple et élancée, à l'œil bleu marin, au teint clair, à la chevelure blonde et touffue.

On admire dans toute sa personne un mélange de douceur angélique, de pudique modestie, de bienveillance attrayante qui charme le regard et attire les cœurs.

Il en est des divers aspects de la Renaissance comme du prétendu pédant, on les a caricaturés par paresse, pour formuler vite une classification scolaire.

Chaque siècle a son tour d'esprit, dit Fontenelle,
c'est-à-dire que les manifestations secondaires portent visiblement un millésime : mais les chefs-d'œuvre ont un tour particulier ; et ce qui est vrai pour
l'école apparaît faux pour les maîtres. Certes,
Michel-Ange appartient à l'école Florentine, mais
Léonard aussi. Ils se sont connus, ils ont concouru
ensemble, parfois leurs protecteurs furent les
mêmes. Qui donc attribuerait à l'un le plus petit
ouvrage de l'autre? Le Titanisme du Buonarotti
non plus que la subtilité du Vinci ne présentent
aucun rapport avec l'art contemporain. Une école
est sortie d'eux; eux-mêmes ne sortent pas de leur
milieu.

Ni Poussin, ni Philippe de Champagne ne portent l'empreinte du goût public : ce sont, jansé-
niste et archaïsant, des génies dissidents.

Raphaël lui-même, le véritable réalisateur de
l'art humaniste, celui qui illustre littéralement la
mentalité d'un Léon X, ne ressemble à personne
dans ses cartons et ses fresques.

L'individualisme de l'artiste peut aussi bien protester contre le milieu que le traduire.

Habile sera le critique qui différenciera le style
de Léonard suivant qu'il travaille à Florence, à
Milan, à Rome ou à Amboise, et qui précisera l'influence de la ville dans l'*Adoration des Mages*, la

Cène, la *Madone de Sant' Onofrio* à Rome et le *Saint Jean* peint à Clos-Lucé, aux bords de la Loire.

Plus vrai que le déterminisme du climat et de la race, s'accuse le caractère professionnel.

Taine découvre dans Walter Scott, « sous l'amateur du moyen-âge, l'écossais avisé dont la sagacité s'est aiguisée par le maniement de la procédure ».

L'auteur du « Thomas Graindorge » fut de la promotion About, Sarcey, Weiss, à l'Ecole normale. Il professa à Nevers, à Poitiers, à Besançon, et même à Oxford, et toujours il obéit à la tendance pédagogique qui catégorise à tout prix et légifère aveuglement.

Jamais les spiritualistes ont-ils sonné une fanfare de jactance aussi comique que ce passage (*Littérature anglaise*, IV, 421) :

La science a dépassé le monde visible et palpable des astres, des pierres, des plantes où dédaigneusement on la confinait ; c'est à l'âme qu'elle se prend, munie des instruments exacts et perçants, dont trois cents ans d'expérience ont prouvé la justesse et mesuré la portée.

La pensée et son développement, son rang, sa structure et ses attaches, ses profondes racines corporelles, sa végétation infinie à travers l'histoire, sa haute floraison au sommet des choses, voilà maintenant son objet, l'objet que depuis soixante ans elle entrevoit en Allemagne et qui, sondé lentement, sûrement, par les mêmes méthodes que le monde physique, se transformera à nos yeux, comme le monde physique s'est transformé. Dans cet emploi de la science et dans cette conception des choses, il y a un art, une morale, une politique, une religion nouvelles et notre affaire est aujourd'hui de les chercher.

Relisons cette fougueuse et lyrique affirmation où l'impropriété des termes abonde. Quels sont ces instruments propres à l'étude de l'âme ? Les rayons X ? Le *rang* de la pensée étonne au moins autant que sa structure, et les racines corporelles d'une floraison invisible, intangible. Enfin que faut-il entendre par *le sommet des choses* ?

Le monde de la pensée va se transformer à nos yeux ! Quelle assertion !

Réduisons le morceau au bon sens :

La science a dépassé le monde du phénomène physique, elle approche de cette zone frontière où le matériel confine à l'immatériel. Et par l'analogie elle peut pousser plus avant et plus sûrement les ouvrages avancés de l'hypothèse.

La pensée, mieux connue dans l'universalité de ses manifestations, tend à l'unification doctrinale qui réduira de jour en jour les formules de lieu, de race et de temps vers un point pour ainsi dire œcuménique.

Les sciences naturelles, que Taine connaissait beaucoup moins que Ruskin, s'occupent de l'espèce et non de l'individu. En art l'individu seul existe.

On ne peut pas dire qu'on connaît une famille Léo-
nardine ou Raphaeline, ou Michelangelesque. Trois
personnes sont apparues que tous ignoraient quand
ils se manifestèrent et qui disparurent pour toujours.

La graine d'un amandier mise en terre dans des
conditions favorables reproduit en peu de temps
un amandier.

Peut-on concevoir la semence du génie qui ne se
manifeste que par l'œuvre ? Un jeune homme mis
dans une école des Beaux-Arts reproduit-il en un
temps déterminé un artiste ?

Il n'y a pas de phanérogames en art, c'est-à-dire
des hommes ayant des organes esthétiques bien
distincts. Chercherons-nous l'identification avec les
cryptogames? L'absurde nous arrêterait.

La science offre véritablement une suite addi-
tionnelle qui met le dernier venu en possession de
tout l'acquêt des devanciers : le plus mince naturaliste s'assimile les découvertes de Lavoisier et de
Berthelot et, sauf dans les méthodes, la science ne
semble pas pouvoir rétrograder.

L'Art, au contraire, s'incarne, vit et meurt dans
chaque génie. Giotto est un art entier et Raphaël,
si parfait qu'il soit, ne possède pas les qualités du
trecentiste. Plus près de nous, Ingres et Delacroix
nous ont montré le spectacle de deux rivaux,

impuissants à s'assimiler les qualités l'un de l'autre. Le premier n'a pu trouver une palette *sui generis*, le second a vainement poursuivi la pureté de la ligne. Tout à fait de nos jours, Puvis et Gustave Moreau prirent des voies contradictoires, sans songer même à échanger des leçons. Enfin, ne voyons-nous pas des ouvrages de sauvage dans les Salons, des tatouages sur toile, de véritables griffonnages antédiluviens? Or, ce qui caractérise la Faune et la Flore, c'est la constance du type.

Jamais un naturaliste, ni un physiologiste n'aurait conçu une idée aussi saugrenue que celle de voir un herbier dans une musée; seul un universitaire, étranger au laboratoire, pouvait ainsi s'égarer.

Ah! je comprends qu'on se grise à l'idée de dégager un art, une morale, une politique, une religion. Mais il suffit de définir l'art, la morale, la politique et la religion pour connaître qu'elles ne sont point filles de la science.

La recherche de la perfection dans l'œuvre, les mœurs, les lois et les rites ne jailliront jamais d'un manuel expérimental : ce sont des matières passionnelles où l'enthousiasme, l'honneur, la justice et la piété dominent, comme muses et rectrices. Quelle curieuse idée que de tirer une religion de la science; et comme cela montre le despotisme inné de l'esprit humain qui tend sans cesse à usurper sur autrui ! Longtemps la théologie s'arrogea une véritable dictature sur l'expérience ; elle posta son inquisiteur à la porte du laboratoire et mit le bras séculier au service d'un livre juif dont personne ne lisait le texte original et qui fourmille d'allégories égyptiennes et kaldéennes. Aujourd'hui nous ne comprenons pas l'autorité de Moïse mal traduit, en matière expérimentale; et l'on veut nous faire subir le rectorat d'un Auguste Comte, philosophe seulement curieux parmi vingt autres à peu près semblables.

Il y a un demi-siècle, un médicastre, Moreau de Tours, publia un volume très insolent que Taine n'ignora pas. *La Psychologie morbide* est de 1859 et Taine commença son cours en 1864. Pour ce carabin, folie et génie sont congénères. Un pareil travail trouva de l'écho, il offrait aux médiocres, c'est-à-dire à la presque totalité des hommes, un réconfort inespéré. On aurait augmenté sa vente avec ce sous-titre : *apologie pour les hommes accusés de médiocrité.* On y lit des phrases de cette niaiserie :

En aucun cas le fonctionnement intellectuel ne saurait être plus parfait que lorsque le sujet est à la fois rachitique, scrofuleux et neuropathique; en d'autres termes, lorsque, par sa constitution, il touche à la fois à l'idiotie et à la folie.

Les trois plus grands hommes du dessin ; Sébastien Bach comme Palestrina ; Bramante comme Alberti ; Dante comme Shakespeare donnent le plus formel démenti à cette ridicule assertion. Gœthe, Victor Hugo, Balzac ont été des modèles de méthode et de persévérance.

Le génie n'est pas plus une névrose que la bêtise n'est une diathèse normale. Léonard fut le plus beau cavalier de son temps et Pic de la Mirandole ressemblait au plus joli page. En dressant la liste des génies d'après leur diathèse, on verrait que les plus grands furent sains. C'est un travail de patience à la portée de chacun.

Au lieu de poursuivre l'impossible identification de la botanique et l'esthétique, il eût mieux valu établir les concordances de cette partie de la philosophie avec les autres.

La doctrine de l'art pour l'art ne supporte pas l'examen : elle isole l'artiste et le diminue jusqu'à un rôle d'*artifex*. L'autre formule, qui subordonne l'œuvre aux intentions sectaires, religieuses ou libres-penseuses, ne vaut guère mieux. Ces points extrêmes n'ont été en somme que des points de belligérance. En face d'un idéalisme qui méconnaît la splendeur du nu, on revendique hautement les droits de l'art ; comme on défend le rôle purificateur de la beauté contre ceux qui veulent borner son action à des imitations plus ou moins parfaites.

Sur ce terrain d'une apparence sereine, les partis se manifestent aussi intransigeants, aussi aveugles que dans la politique.

Il faut s'entendre sur la morale. Les ouvrages qui flattent ou excitent la concupiscence sont moindres que ceux qui s'adressent à la conceptualité; et, théoriquement, un regard rempli d'âme l'emporte sur le galbe d'un sein même admirable. Toutefois, ce même sein l'emportera sur un autre regard moins chargé d'expression.

Le diagnostic du médecin n'apporte aucune clarté à la critique. Michel-Ange était fort bilieux, la belle découverte! Torregiani lui avait écrasé le nez, qu'est-ce que cela fournit pour expliquer le plafond de la Sixtine?

Le génie œuvre malgré la maladie et non à cause d'elle. *Bazzi* a-t-il mérité son surnom? Qu'importe à l'*extase de Sainte Catherine* et « aux noces de Roxane » ?

Ceux qui ont vécu dans l'intimité des hommes de génie connaissent leurs manies, leurs tics et aussi que ce sont là des accidents sans rapport avec leurs ouvrages.

La faculté créatrice, dès qu'elle existe, domine l'être entier; elle tient ceux qui en sont doués en état de perpétuelle gestation.

Le génie est un homme enceint ; et on s'étonne que cet état amène quelque modification de l'humeur et des humeurs, alors que la grossesse physiologique donne lieu à un phénoménisme si radical et souvent si étrange !

Platon a magnifiquement expliqué la diathèse de l'homme créateur, du ravisseur de feu, il en fait un démon, un être intermédiaire entre le mortel et l'immortel. Le médicastre tourangeau plaque des injures de clinicien et bave la calomnie à forme scientifique sur les seuls mortels qui soient l'honneur de l'espèce et un tel honneur, que l'Académicien les élève bien au-dessus de l'humanité !

On ne s'entend point sur le but de l'art. Les uns veulent l'employer à un dessein moral ou religieux, et ils n'ont point tort ; les autres tiennent pour la beauté comme seul objectif, et ils ont à peu près raison. Mais les premiers se trompent en ne voyant le caractère religieux que dans des sujets déterminés et les seconds en réduisant la beauté à une version prestigieuse du modèle.

Quant aux amateurs qui se délectent de la seule exécution, ce sont des maniaques ou des professionnels. Le but de l'art est de produire chez le spectateur une espèce de bonheur ou de volupté assez complexe, puisqu'il se forme de l'idée de perfection véritable, pour le raisonnement, et de l'idée d'absolu, celle-là purement musicale.

La perfection des formes est littéralement le visage du mystère, et lui-même, le mystère, se définirait peut-être par trois termes, le *lointain* correspondant au passé, l'*au-delà* analogue au futur et la *réalité* constitutive du présent.

En réunissant ces trois termes, on définit à peu près l'impression des chefs-d'œuvre, et aussi on découvre l'inanité du réalisme.

L'effet de la *Sixtine*, de la *Cène* et de l'*Ecole d'Athènes* se décompose en ce triple rayonnement. Les sujets sont très loin de ceux que nos yeux rencontrent; les formes employées sont bien au delà de notre forme personnelle; et cependant une vie intense ou plutôt un caractère d'immortalité nous donne l'illusion d'une scène vraie. Supposons que la Sixtine soit traitée à la Phidias, dans cette plastique admirablement modérée des métopes et qu'elle ne s'emploie qu'à des mouvements vulgaires d'œuvre servile, à quelque représentation des métiers; supposons que la Cène réunisse à la moderne des juifs sordides ou de farouches bédouins, avec leur tête d'oiseau de proie et leurs guenilles déplorables; supposons enfin que l'Ecole d'Athènes soit le groupement de la faculté des lettres sur un escalier : il n'y aurait plus de mystère, et partant plus de chefs-d'œuvre.

L'esthétique n'existera qu'au jour où on aurait admis une séparation précise entre l'Art évocatif, qui est aussi grand dans une estampe comme la *Melancholia* ou la *Résurrection de Lazare* que dans une fresque, et celui des arts employés à l'évocation.

Les Buveurs de Velasquez, les Syndics de Rembrandt, les banquets de Harlem sont des chefs-d'œuvre picturaux : cela est incontestable ; ils manifestent ce caractère de réalité qui rend les choses présentes, mais il leur manque le lointain et l'au-delà. Des ivrognes, des marchands et des bourgeois ne signifient rien dans notre imagination ; devant eux on ne songe qu'au peintre, à son excellent métier.

Transposons ces Buveurs en Corybantes, ces Syndics en Amphyctions, ces banquets en banquet de Platon, et aussitôt, par l'éloignement et par l'au-delà, ces compositions s'élèveront au plus haut degré de l'art. Car le rite dionysiaque, les représentants du grand conseil hellénique et les philosophes athéniens évoquent une profusion d'idées transcendantales. La dévotion et l'intelligence, appliquées à l'évolution d'une race ou à la formule des idées, atteignent au sommet de l'activité humaine. Chaque fois qu'un art cherche sa destination dans son procédé, il se corrompt.

Les chefs-d'œuvre ont une marque, ils font tou-

7

jours oublier l'artifex. On ne pense au métier que devant les choses de métier.

Le connaisseur n'est pas le public et la pire disposition de l'œuvrant sera toujours de travailler en vue d'un suffrage corporatif et prétendûment compétent.

Un mauvais sentiment d'orgueil despotique pousse les professeurs à vouloir écarter toutes les lèvres d'une coupe qui, par son essence, doit servir à la communion universelle.

A qui sont destinés les temples? L peintures et les sculptures qui les ornent auraient-elles une autre destination? Cela est peu vraisemblable. Car l'architecture est, en dignité et en difficulté, l'art transcendantal auprès duquel les autres ne paraissent que relatifs et minimes. Le peuple comprend-il l'architectonique? Il la sent. Son inconscient vaut bien la conscience faussée du pédant.

Le privilège de l'homme est de pénétrer par la pensée jusqu'aux essences que l'œil interne découvre seul, et jusqu'à la source de toutes les essences, l'Etre infini ou le Beau absolu. Le manifester dans les formes émanées de lui et qui le reflètent, tel est l'objet de l'art, son but magnifique.

Lamennais dit bien. L'œuvre d'art digne de ce nom tend à trouver la substance ou forme expressive de l'essence. L'art opère par incarnation.

Lorsque le vénérable Ingres nous montre Jeanne d'Arc armée exactement selon la mode d'armes du 17 juillet 1429, il ne fait rien de bon ni de mauvais. L'essence de son sujet est autre. Quelle est la forme essentielle d'une pucelle inspirée et qui après avoir mené à la victoire son pays, au nom de Jésus roi du ciel, sera brûlée à dix-neuf ans?

Etendard, épée, armures, accessoires sans intérêt. Jeanne d'Arc est une idée : quel est le corps de cette idée, la face de cette idée ? Elle est fille et fait acte d'homme; est-elle du sexe de son acte ? Non. Est-ce seulement une pucelle ? Non plus. Sera-ce saint-Georges ? Pas davantage. Un ange ? Point.

Je ne peux énumérer la succession d'images par lesquelles l'artiste parviendra à concevoir la bonne Lorraine : mais j'affirme qu'il s'agit de dessiner un visage, puis un corps, de trouver enfin un geste et que le problème est purement expressif et plastique.

Le Moïse de Michel-Ange déroute nos notions préconçues. Personne ne rendra un compte satisfaisant de cet ouvrage, si bizarre d'accoutrement, et pourtant personne n'hésitera à reconnaître le personnage.

Les orthodoxes n'aiment pas le Moïse, et trouvent révoltant les nus de la chapelle Médicis et les nomment « le *chaos* et la *matière*, l'*orgueil* et la

volupté que la Renaissance semble avoir voulu glorifier ».

J'ai indiqué combien la sacristie calomnie l'ardent spiritualisme de la Renaissance.

Les quatre strophes funèbres du Buonarotti
manifestent au même titre que la *Sainte-Anne* et
le *Saint-Jean* l'art sacré, mais indépendant.

Michel-Ange et Léonard croyaient, mais non pas
au clergé. Ce sont eux qui ont arraché, aux mains
trop intéressées quoique consacrées, ce voile de
Véronique où le génie humain, par d'innombrables
miracles, a rendu témoignage à Dieu.

Un pouvoir n'a d'autre légitimité que son utilité;
et Michel-Ange accomplit dans le domaine du dessin
le même formidable effort de conscience qui met la
Divine Comédie au-dessus de toute notre ère. De
l'inconscience des pasteurs naît l'émancipation du
troupeau, comme droit autant que comme fait.
Écoutez Charles Blanc reprendre le thème de l'A-
rétin.

Pourquoi donc tant d'anatomie et si peu de pensée ?
Pourquoi tant de matière et si peu d'esprit? Quoi ! c'est
ici la fin du monde et *je ne vois ni terre* ni cieux, mais
partout des bras et des jambes, des têtes renversées, des
pieds en l'air, un étalage effrayant de chair humaine et
de tours de force, une exhibition d'Hercules ! Il est bien
temps que l'humanité fasse parade de ses muscles, quand

le souffle de Dieu va l'ensevelir dans l'éternité? ... La pensée est donc absente et c'est la pure fantaisie de l'artiste qui a tout usurpé. La raison, le dogme, l'histoire, tout a été sacrifié à la puissante et brutale volonté de Michel-Ange.

Cette page avertit les critiques d'art du danger où l'on se risque à écrire superficiellement.

Invoquer la raison et l'histoire, pour un jugement dernier et prendre la défense du dogme quand on est Charles Blanc, quelle plaisante posture!

Je n'ai pas en mémoire l'avis de Taine sur ce mur d'effroi, mais je suppose qu'il n'y a vu que le triomphe du corps humain, le grand morceau de l'art pour l'art.

Sauf la figure du Christ, qui devrait être drapée pour ne pas ressembler à toutes les autres, Michel-Ange a conçu l'ouvrage avec une grande logique, en titanisant l'aspect humain, en produisant cet effet unique d'innumérabilité. Un tel effort décourage l'attention et on ne voit même plus les cent chefs-d'œuvre de détail qui forment cet ensemble indicible. On m'accordera bien que Buonarotti comprenait Alighieri, puisqu'il offrit à Léon X de faire au divin poète un tombeau convenable (1519) l'année où Léonard mourait à Clos-Lucé.

Or comprendre le Dante n'est pas le fait d'un plasticien exclusif, ni d'un orthodoxe. Les guerres

de Jules II, les chasses de Léon X devaient plaire
médiocrement à l'austère gibelin et il se dégage de
son Jugement une doctrine singulièrement différente de celle des Papes.

Habitués par nos contemporains à voir les artistes aussi étrangers à la métaphysique que s'ils ne
savaient pas lire, nous réduisons les anciens maîtres à un œil au bout d'un pinceau : grave erreur,
ils priaient et pensaient à la fois, fidèles à la vérité
révélée, libres de la tutelle décevante des clercs.

Je ne veux pour preuve de l'ésotérisme du *Jugement Dernier* que les quatre distributions de cale-
çons par Daniel de Volterre, ensuite par Girolamo
da Fano sous Pie V, ensuite sous Grégoire XIII.
Ce dernier voulait effacer l'ouvrage; enfin sous
Clément XIII, par les soins de Stefano Pozzi.

L'infiltration protestante ne suffirait pas à expliquer cet acharnement.

Que le spiritualisme soit vrai ou faux, que l'âme
soit immortelle ou non, que la religion soit l'expression de la vérité ou seulement un songe, l'art
vit de spiritualité : et les aspirations d'éternité
seront toujours les seules muses.

Voilà ce que Taine n'a pas compris : ébloui par
la science expérimentale qu'il ignorait, ne sachant
ni la physique, ni la physiologie, avec une culture
exclusivement littéraire et une tare universitaire, il

a voulu appliquer à l'essor de la pensée les lois de la pesanteur et inaugurer une météorologie du Beau.

Cette entreprise absurde a porté des fruits détestables : la paresse, la vulgarité, tous les bas et lâches instincts de la décadence ont ramassé au bas de sa chaire des prétextes officiels pour ne rien faire ou faire mal, Et si des barbouilleurs comme MM. Bouguereau et Henner laissent des neuf millions à leurs héritiers, ne cherchez pas d'autre responsabilité que la chaire d'esthétique du Collège de France, *cathedra pestilentiæ*, qui, pendant un quart de siècle, a officiellement servi à la ville et au monde les vaticinations d'un incompétent.

Taine fut un sectaire, non de ceux qui se partagent les deniers d'une église, mais de ces autres, tout aussi redoutables, qui se taillent une originalité aux dépens de la vérité et de l'expérience.

Il n'y a pas d'originalité possible dans la recherche sincère : la vérité ne fournit pas des aspects si variés que chaque survenant puisse s'affirmer autrement que par des coordinations et des éclaircissements.

Toute théorie personnelle est une erreur; toute nouveauté une ignorance ou une grimace perverse: et la pire trahison se voit aux efforts d'innovation doctrinale.

Voulez-vous créer? Soyez artistes et renouvelez les formes. Enseignez-vous? Attentifs au legs du passé, commentez-le sans ce misérable souci de paraître neuf aux matières cent fois séculaires.

L'esthétique mérite de conquérir son existence propre, d'être affranchie à la fois du prêtre et du libre penseur.

Trop longtemps on a demandé à l'art son billet de confession; il ne faut pas qu'on lui impose un certificat d'athéisme.

M. Curie n'a nul besoin de théologie pour constater le phénomène de radiance qui justifie la doctrine spiritualiste et en prouvant l'unité de matière apporte une surprenante confirmation à l'unité de Dieu. En face de ses appareils, il peut être matérialiste, sans que cela gêne ses découvertes.

L'artiste, au contraire, se condamne à la stérilité en appliquant à sa recherche une formule de laboratoire. Ce qu'il constate ne signifie rien : les éléments que lui fournit la nature doivent traverser des états successifs pour se cristalliser en beauté, et l'alambic ici est son propre cerveau. Comment le modèle, analogue au carbone, va-t-il se sublimer en diamant? A quelles températures d'âme faudrat-il soumettre le sombre minerai pour l'amener à l'état lumineux et radiant? Secret vraiment impénétrable, secret quasi divin que cette transformation de la forme actuelle en forme immortelle!

Cette considération, qui juge l'œuvre de l'art d'après ses précédents et ses subséquents, qui lui donne son rang dans l'évolution historique, cette considération critique qui compare et établit un palmarès chronologique, abolit la véritable esthétique.

L'ouvrage d'art doit nous apparaître comme un individu et comme tel il faut l'envisager sans souci de ses aïeux ou de ses fils, sinon les spécialistes seuls pourraient en approcher.

L'Italien illettré ne comprend pas Dante : mais Giotto s'offre à lui autrement lisible puisque le grand trecento s'exprime par pantomime. Raphaël comme Orcagna emploie une langue universelle, le corps humain : et tout homme, étant passionné par sa nature, reconnaîtra l'expression des passions, sans lecture ni commentaire.

On objectera peut-être que les passions de l'esprit lui sont étrangères et qu'il se fait une idée défectueuse du philosophe et du saint. Regardons en nous-mêmes attentivement et nous découvrirons que les choses concrètes agissent bien moins sur notre imagination que les visions transcendantales. Les anges plaisent plus que les gamins, les vierges que les filles, les héros que les ouvriers, et même aux gamins, aux filles et aux ouvriers.

Cette littérature du peuple, que nous ignorons,

nous autres écrivains, cette littérature de livraison à un sou qui remue plus d'or et plus d'âme que tous les stylistes ensemble, a un caractère bien singulier : l'idéalisme et la moralité. Il s'agit toujours d'un thème de pitié pour quelque innocence que le dénouement fait triompher et quelque scélératesse à la fin confondue.

Nous sommes idéalistes d'instinct : voilà le point capital de l'esthétique ; seule une corruption de la culture nous rend infidèles à cette innéité. Les chromos des réclames sont jolis, et la clientèle l'exige.

Il n'est pas question de créer le goût, mais de le satisfaire. Le réalisme a été une dépravation, une véritable épidémie esthétique et aussitôt l'instantané a démontré l'inanité d'une pareille doctrine. Ouvrez un journal illustré des sports : le penthalte se réduit à de très laides images évoquant le manuel médical : cependant les hommes sont nus et anatomiquement remarquables. Le prestige des souverains et des fonctionnaires tombe devant l'objectif; les femmes elles-mêmes ne résistent pas à cette notation brutale.

Cependant le choix des formes, leur unification selon une dominante expressive constitue seulement le premier acte de l'artiste. Le second exige la découverte d'une stase significative. Qu'on essaye de reproduire devant une glace la pose en apparence si simple d'un antique. On s'apercevra que le corps ne la donne pas aisément et du premier coup, et que son naturel provient d'essais préliminaires, nombreux et compliqués.

Ces deux opérations, d'où la valeur de l'œuvre dépend, se trouvent supprimées par un sujet médiocre à la hollandaise ou vulgaire à la Zola. Encore faut-il remarquer, à la décharge d'un Gérard Dow, que l'exécution précieuse, infiniment probe et détaillée, crée un certain intérêt. La perfection donne toujours du plaisir, même appliquée à un terme bas. Dans une toile comme le *Bon Bock*, l'ennui du sujet s'augmente de l'ignorance de métier : il n'y a ni art, ni peinture, il n'y a rien.

L'idée de perfection est une de celles qui éclairent abondamment la question artistique, si on l'entend autrement que dans le sens du métier.

Velasquez pourrait être proposé pour la royauté en peinture en se plaçant au plan des ouvriers de la couleur ou à celui des amateurs. Esthétiquement, il n'obtiendrait pas même la centième place, le moindre giottesque, le plus pâle lombard l'emportent sur lui.

Cette différenciation entre l'excellence du procédé et l'excellence évocatrice se place comme une base nécessaire de la critique.

Est-ce à dire qu'il faut priser l'évocation au mépris

du métier, proclamer Chenavard le plus grand des maîtres, et considérer le belge Wiertz au-dessus de Delacroix, pour ses intentions morales? A Dieu ne plaise de tomber à ces aberrations. Je l'ai déjà dit, l'intention, la bonne volonté, les qualités de l'artiste n'ont aucun intérêt : sa réalisation seule importe, mais il est étourdi de demander au giottesque la vraisemblance plastique du cinquecento. Les fautes de dessin d'un Titien nous choquent parce qu'elles sont des discordances dans un art entièrement évolué et rayonnant de force sereine.

On ne les aperçoit pas chez les Primitifs. Qui incriminera la puérilité de l'enfant, l'étourderie de l'adolescent? Un artiste a toujours l'âge de son époque.

L'architecture atteignit sa perfection avant les autres arts du dessin. A la fusée de l'ogive s'adaptent des statues absurdes de verticalité; essayez de les remplacer par des ouvrages corrects et logiques!

L'enfance et l'adolescence d'un art ne doivent pas être critiquées comme des étapes, mais considérées en elles-mêmes.

Le caractère hiératique résulte d'une expression de style obtenue avec un procédé restreint; l'immatérialité provient de la pauvreté relative d'exécution. Les maîtres d'apogée auront une autre beauté, jamais celle des primitifs.

Chaque artiste renferme un art complet, chaque
œuvre n'a de valeur que la sienne propre. Pourquoi s'embarrasser de dates, d'éphémérides, du
fatras des commentaires pour jouir de la pureté
d'une madone ou de la volupté d'une courtisane?

Il y a un calcul intéressé à élever une barrière
et à faire payer un tribut au pauvre monde ?
L'esthétique officielle s'applique à hérisser l'approche des chefs-d'œuvre, de difficultés : l'Institut s'ef-
force d'installer une sacristie dans les musées, et de
s'ériger en clergé du beau, quoique ce vœu cadre
mal avec l'évolution contemporaine.

En face de la *Sainte-Anne* ou de la « Madone de
la Victoire », l'homme officiel vous demandera si
vous connaissez le milieu, le lieu, les contemporains, le climat, la race, les mœurs. Cela est inutile
pour entendre cette progression de l'animal et de
l'enfant s'élevant de la jeune femme à la femme
mûre, sur un thème sacré. Qu'est-ce que la biogra-
phie des donataires ajoute à la contemplation d'une
la Madone ?

Les Beaux-Arts dédiés à tous s'adressent spécia-
lement aux illettrés: l'homme qui ne peut lire les
philosophes les verra dans l'*Ecole d'Athènes*, et tel
qui ignore l'alphabet contemplera sans effort les
merveilles de l'extase mystique, hénosis de Plotin,
spasme de sainte Thérèse ou de sainte Catherine

de Sienne. A l'ignare qui n'ouvre pas les livres, on ouvre le ciel, on lui montre Dieu et son cortège d'anges ; et enfin la théologie se présente aux plus humbles, tangible, séduisante, fécondante, radieuse, je dirais évidente, car, offerte à la seule sensibilité, elle se débarrasse de l'aristotélisme de son argumentation, elle apparaît comme un prestige, au lieu de se développer comme un raisonnement.

Suivant l'aspect contemplé, une idée se reflète en expressions aussi variées que le prisme de l'esprit humain.

Les définitions se succèdent aisément équivalentes en soi, et préférées selon les idiosyncrasies. Cependant il faut, sous peine de se perdre dans la multiplicité des rapports, adopter un principe et le réduire à l'énonciation la plus courte, la plus simple, parce que la vérité se voile avec des mots nombreux. Plus on les accumule, plus on multiplie les plans perspectifs.

Je crois que l'on enfermera la plus grande somme de vérité, sous la formule la plus brève, en disant :

« L'art est la spiritualité des formes. »

ACHEVÉ D'IMPRIMER
le trente janvier mil neuf cent six
PAR
BLAIS ET ROY
A POITIERS
pour le
MERCVRE
DE
FRANCE

www.ingramcontent.com/pod-product-compliance
Lightning Source LLC
Chambersburg PA
CBHW071408220526
45469CB00004B/1212